Checkliste Pflege in der Anästhesie

Ulrike Bleicher, Lothar Ullrich

15 Abbildungen

1996
Georg Thieme Verlag
Stuttgart · New York

Ulrike Bleicher
Fachkrankenschwester für Intensivpflege und Anästhesie
Praxisanleiterin
Weiterbildungsstätte für Intensivpflege und Anästhesie
Medizinische Einrichtungen der Westfälischen Wilhelms-Universität
Schmeddingstraße 56
48129 Münster

Lothar Ullrich
Leitende Lehrkraft
Weiterbildungsstätte für Intensivpflege und Anästhesie
Medizinische Einrichtungen der Westfälischen Wilhelms-Universität
Schmeddingstraße 56
48129 Münster

Zeichnungen: Christiane von Solodkoff, Neckargemünd

Die Deutsche Bibliothek – CIP-Einheitsaufnahme

Bleicher, Ulrike:
Checkliste Pflege in der Anästhesie / Ulrike Bleicher ; Lothar Ullrich. – Stuttgart ; New York : Thieme, 1996
NE: Ullrich, Lothar:

Wichtiger Hinweis:

Wie jede Wissenschaft ist die Medizin ständigen Entwicklungen unterworfen. Forschung und klinische Erfahrung erweitern unsere Erkenntnisse, insbesondere was Behandlung und medikamentöse Therapie anbelangt. Soweit in diesem Werk eine Dosierung oder eine Applikation erwähnt wird, darf der Leser zwar darauf vertrauen, daß Autoren, Herausgeber und Verlag große Sorgfalt darauf verwandt haben, daß diese Angabe dem **Wissensstand bei Fertigstellung des Werkes** entspricht.

Für Angaben über Dosierungsanweisungen und Applikationsformen kann vom Verlag jedoch keine Gewähr übernommen werden. **Jeder Benutzer ist angehalten,** durch sorgfältige Prüfung der Beipackzettel der verwendeten Präparate und gegebenenfalls nach Konsultation eines Spezialisten festzustellen, ob die dort gegebene Empfehlung für Dosierungen oder die Beachtung von Kontraindikationen gegenüber der Angabe in diesem Buch abweicht. Eine solche Prüfung ist besonders wichtig bei selten verwendeten Präparaten oder solchen, die neu auf den Markt gebracht worden sind. **Jede Dosierung oder Applikation erfolgt auf eigene Gefahr des Benutzers.** Autoren und Verlag appellieren an jeden Benutzer, ihm etwa auffallende Ungenauigkeiten dem Verlag mitzuteilen.

Satz: Druckhaus Götz GmbH, 71636 Ludwigsburg
Gesetzt auf CCS Textline (Linotronic 630)
Druck: Druckhaus Beltz, 69494 Hemsbach

ISBN 3-13-102011-3 1 2 3 4 5 6

Eine professionelle Ausübung der Pflege in der Anästhesie erfordert allgemeingültige Richtlinien und Normen für pflegerische Tätigkeiten. Die vorliegende Checkliste dient als Erweiterung der Pflegestandards in der Anästhesie und stellt ein wichtiges Element zur Sicherung der Qualität dar. Sie beinhaltet die Darstellung zielorientierter und praxisnaher Handlungsabläufe unter Einbeziehung des aktuellen theoretischen Hintergrundwissens.
Die Arbeitsabläufe sind in gebündelter Form unter einer gleichbleibenden Gliederung entwickelt, wodurch eine strukturierte Anleitung sowohl von neuen MitarbeiterInnen als auch von WeiterbildungsteilnehmerInnen ermöglicht wird.
Die Einigung auf ein gemeinsames Konzept pflegerischen Handelns als Grundlage individueller Pflegeplanung, ermöglicht den Pflegenden eine Orientierung im Pflegealltag.
Darüber hinaus kann die Checkliste zu einem gemeinsamen Pflegeverständnis im Team beitragen und eine Kontinuität pflegerischer Verhaltensweisen bei der Betreuung und Behandlung von Patienten in der Anästhesie gewährleisten.
Ziel der beschriebenen Maßnahmen und Techniken ist die praktische Umsetzung der Qualitätssicherung in der Anästhesie, die modellhaft auf jede Anästhesieabteilung übertragbar ist. Es hat sich gezeigt, daß nur eine gut ausgebildete Anästhesiepflegekraft in Kooperation mit dem Anästhesisten in der Lage ist, auch in kritischen Situationen sicher und adäquat zu handeln.

Münster, Dezember 1995

Ulrike Bleicher
Lothar Ullrich

Autoren

Ulrike Bleicher (*1963) absolvierte vor acht Jahren das Krankenpflegeexamen und arbeitete anschließend ein Jahr auf einer interdisziplinären Intensivstation.
Seit sieben Jahren ist sie in der Klinik und Poliklinik für Anästhesiologie und operative Intensivmedizin der Medizinischen Einrichtungen der Westfälischen-Wilhelms-Universität in Münster beschäftigt, hat seit vier Jahren das Fachpflegeexamen und begann vor drei Jahren mit der Tätigkeit der Praxisanleitung an der Weiterbildungsstätte für Intensivpflege und Anästhesie der Medizinischen Einrichtungen der Westfälischen-Wilhelms-Universität in Münster.
In diesem Rahmen besuchte sie 1993 ein berufspädagogisches Fachseminar.
Der Schwerpunkt ihrer Tätigkeit liegt in der Anleitung und Begleitung von WeiterbildungsteilnehmerInnen in der Anästhesie und in der Mitarbeit an der Umstrukturierung der Fachweiterbildung nach dem neuen Weiterbildungsgesetz an der o. g. Weiterbildungsstätte.

Lothar Ullrich (*1953) absolvierte nach der Krankenpflegeausbildung die Fachweiterbildung in der Intensivpflege und Anästhesie. Nach anschließender Ausbildung und weiterbildendem Studium zum Lehrer für Pflegeberufe leitet er seit 1981 die Weiterbildungsstätte für Intensivpflege und Anästhesie an den Medizinischen Einrichtungen der Westfälischen-Wilhelms-Universität in Münster. Eine Ausbildung zum Supervisor schloß er vor zwei Jahren ab.
Neben zahlreichen Veröffentlichungen in Fachzeitschriften und Büchern ist er Mitbegründer und -herausgeber der Fachzeitschrift „intensiv". Berufspolitisch engagierte er sich als Vorsitzender der Landesarbeitsgemeinschaft der Weiterbildungsstätten bei der inhaltlichen Gestaltung und Umsetzung der Weiterbildungs- und Prüfungsverordnung im Bereich der Intensivpflege und Anästhesie des Landes Nordrhein-Westfalen.

Organisation ... 1
Räume und Bereiche ... 1
Räume/Bereiche/Versorgungseinrichtungen ... 2
Versorgungseinrichtungen ... 3
Hygienisches Verhalten im OP ... 4
Desinfektionsplan ... 6

Pflege und Überwachung ... 7
Narkosesysteme ... 7
Funktionsprüfung der Geräte ... 16
Verschiedene Tuben und ihre Fixierung je nach Art der Operation ... 17
Intravasale Katheter ... 21
Versehentliche intraarterielle Injektion ... 24
Grundlagen zur Transfusion/Blutgruppen ... 25
Grundlagen zur Transfusion/Tests und Kontrollen ... 26
Grundlagen zur Transfusion/Komplikationen ... 27
Techniken der Allgemeinanästhesie ... 29
Regionalanästhesietechniken ... 31
Vorbereitung der Materialien, Infusionen und Medikamente ... 33
Vorbereitung des Patienten ... 39
Narkoseeinleitung/Durchführung/Ausleitung ... 41
Überwachung während der Narkose/Lagerung ... 47
Überwachung während der Narkose/Kreislauf/Atmung/Beatmung ... 51
Überwachung während der Narkose/Beatmung/Hautfarbe/Temperatur . 53
Überwachung während der Narkose/Temperatur ... 54
Überwachung während der Narkose/Augen ... 55
Überwachung während der Narkose/Ausscheidungen ... 56
Überwachung während der Narkose/Geräte ... 57
Spezielle Gesichtspunkte bei Lokal- bzw. Regionalanästhesie ... 60
Komplikationen in der Anästhesie ... 62
Betreuung von Patienten im Aufwachraum ... 68
Betreuung von Patienten im Aufwachraum/Frühkomplikationen/ Atmung ... 70
Betreuung von Patienten im Aufwachraum/Frühkomplikationen/ Blutdruck ... 72
Betreuung von Patienten im Aufwachraum/Frühkomplikationen/ Herzfrequenz ... 73
Betreuung von Patienten im Aufwachraum/Frühkomplikationen ... 74
Betreuung von Patienten im Aufwachraum/Verlegung zur Station ... 77
Anäthesie bei Säuglingen und Kleinkindern ... 78
Anästhesie bei Säuglingen und Kleinkindern/Material ... 80
Anästhesie bei Säuglingen und Kleinkindern/Material/Medikamente ... 85
Anästhesie bei Säuglingen und Kleinkindern/Infusionen ... 86
Anästhesie bei Säuglingen und Kleinkindern/Narkosesysteme/-Geräte .. 87
Anästhesie bei Säuglingen und Kleinkindern/Narkoseeinleitung ... 89
Anästhesie bei Säuglingen und Kleinkindern/Narkose ... 90
Anästhesie bei Säuglingen und Kleinkindern/Narkose/Aufwachraum ... 91
Anästhesie bei Säuglingen und Kleinkindern/Besonderheiten ... 92
Dokumentation ... 93

Inhaltsverzeichnis

Fallorientierte Anästhesie 95
Gynäkologie und Geburtshilfe 95
Gynäkologie und Geburtshilfe/Sectio caesarea 100
Gynäkologie und Geburtshilfe/Vaginale Entbindung 102
Kinderchirurgie 103
Kinderchirurgie/Eingriffe bei Neu- und Frühgeborenen 104
Orthopädie 107
Thorax-, Herz- und Gefäßchirurgie 115
Kongenitale Herzfehler 121
Urologie 128
Neurochirurgie 134
Unfallchirurgie 145
Allgemeinchirurgie 148
Mund-, Kiefer- und Gesichtschirugie 160
Augenheilkunde 164
Hals-, Nasen- und Ohrenheilkunde 166

Literatur 171

Sachverzeichnis 172

Ein- und Ausleitung

- Lagerung von Materialien (Schläuche, Kabel, Tuben, ZVK, Magensonden, BVK, Masken und anderes Zubehör).
- Lagerung von Medikamenten und Infusionen.
- Kühlschrank für Medikamente und Blutkonserven.
- Notfalltablett.
- Zubehör für schwierige Intubationen.

Operationssaal

- Maquetwagen (nach Liste bzw. nach Beschriftung auffüllen).
- Narkosegerät.

Aufwachraum (AWR)

- Trennwände.
- Stellplätze für Betten.
- Sauerstoff- und Druckluftanschlüsse.
- Vakuumanschluß zum Absaugen von Drainagen.
- Absauggerät und Absaugkatheter.
- Beatmungsgeräte.
- Monitore für EKG, RR, Atmung, Temperatur, weitere Druckeinschübe.
- Blutdruckmanschetten.
- Infusionsständer.
- Sauerstoff-Masken und Atemluftanfeuchter.
- Maquetwagen mit Medikamenten und Notfallmedikamenten.
- Intubationszubehör.
- Laerdalbeutel.
- Sauerstoff-Flaschen (Oxett) für Transporte.
- Defibrillator.
- Betäubungsmittel-Schrank und -Bücher.
- Aufwachraum-Buch.
- Ordner für Narkoseprotokolle.
- Ordner für Operations-Zeiten-Statistik.
- Lagerhaltung von Infusionen, Medikamenten, Gebrauchsmaterial.
- Labormaterial.
- Kommunikationseinheit.
- Telefonliste.

Narkoseeinheiten in den Außenbereichen

- Septische Operationssäle.
- Kreißsaal.
- Sectio-Operationssaal.
- Schockraum.
- Extrakorporale Stoßwellenlithotrypsie (ESWL).
- Computertomographie (CT).
- Magnetresonanztomographie (MR).
- Elektro-Krampf-Therapie in der Psychiatrie (EKT).
- Herzkatheterlabor.
- Endoskopie.
- Traumatologie.
- Brainstem Evoked Response Audiometrie (BERA) in der Hals-, Nasen- und Ohrenklinik.
- Elektroretinographie (ERG) in der Augenklinik.
- Angiographie.
- Afterloading/Brachytherapie.
- Strahlentherapie.
- Röntgen.

Nebenräume

- Je nach Klinik.

Versorgungseinrichtungen

- Zentrale Gasversorgungsanlage: (Kodierung der Stecker nach Farbe und Form)
  - Sauerstoff (blau, sechseckig),
  - Druckluft (gelb, viereckig),
  - Lachgas (grau, rund),
  - Vakuum (weiß, viereckig), → Überprüfung der richtigen Anschlüsse.
- **Achtung:** Es gibt auch kombinierte Druckluft-Sauerstoff-Schläuche. Diese sind gelb/blau kodiert!

Gasflaschen

- Sauerstoff: blau / Gasdruck kann am Kontrollmanometer abgelesen werden.
- Lachgas:
  - Grau / Lachgas liegt im Zylinder als Flüssigkeit vor, die als Gas entweicht,
  - Druck am Manometer ändert sich erst, wenn die Flüssigkeit aufgebraucht ist,
  - kritischer Bereich, bei dem sich nur noch gasförmiges Lachgas in der Flasche befindet, ist am Kontrollmanometer gekennzeichnet.
  - Grundsätze für den Umgang mit Gaszylindern:
    - Zylinder niemals werfen oder rollen,
    - Zylinder nicht in warmen Räumen lagern,
    - in der Nähe von Sauerstoff-Zylindern nicht rauchen,
    - keine Fette oder Öle in der Nähe von Sauerstoff-Zylindern,
    - nicht gebrauchte Zylinder gut verschließen,
    - Reduzierventil durch Schutzkappe sichern.

Narkosegasabsaugung

- An der Wandbuchse wird bei richtigem Anschließen ein grüner Ring sichtbar.

Narkotikafilter

- Spätestens alle 3 Stunden wechseln.
- N_2O wird nicht gefiltert.

Notstrom

- Lebenswichtige Geräte an orangefarbene Steckdose anschließen, sofern kein Akku vorhanden.

Personalschleuse

- Ankleideordnung:
  - Betreten der Operationsabteilung über die Schleuse,
  - Ablegen der Oberbekleidung und des gesamten Schmuckes im vorderen Teil der Schleuse,
  - im Bereich der Naßzone Desinfektion der Hände, danach Desinfektion der Füße.
  - Im hinteren Teil des Schleusenbereiches Anlegen der Bereichskleidung:
    - 1. Hose,
    - 2. Schuhe,
    - 3. Mütze,
    - 4. Hemd,
    - 5. Mundschutz,
    - 6. Händedesinfektion → Betreten der reinen Seite der Operationsabteilung.
  - Vor Übertreten der roten Markierung vom hinteren Schleusenteil, um zum WC oder Eingangsbereich zu kommen, Ablegen der Operationsschuhe und Überstreifen von Einmalplastikschuhen.
  - Vor dem Rückweg in den hinteren Schleusenteil Ablegen der Einmalplastikschuhe im vorderen Bereich der Schleuse.
  - Nach Aufsuchen der sanitären Anlagen Bereichskleidungswechsel erforderlich.
  - Betreten des Pausenraumes nur in Bereichskleidung, nicht in sterilen Kitteln und Handschuhen.
  - Wechsel der Gesichtsmaske nach diesem Aufenthalt.

Bettenschleuse

- Einschleusen von Patienten.
- Patient bekommt dort Operationshaube.
- Hemd wird ausgezogen.
- Patient wird mit warmer Decke zugedeckt.
- bei kritisch kranken Patienten ist die Anwesenheit von Anästhesist und Anästhesiepflegekraft erforderlich.
- **Im Notfall** → Patienten durch die Tür entgegennehmen und auf den Operationstisch umlagern.

Verhaltensregeln im Operationssaal

- Gesichtsmaske tragen.
- Korrekte Schutzbekleidung.
- Haare unter die Operationshaube.
- Abstand zu Operationstischen und Operateuren.
- Jodiertes Gebiet nicht mehr berühren.
- So ruhig wie möglich arbeiten.

- Besonderheit bei septischen Operationen:
  - Maquetwagen aus dem Saal entfernen und in die Einleitung stellen,
  - Narkosegerät **nach** septischer Reinigung des Operationssaals abwischen und aufbereiten,
  - während der Operation entweder den Saal nicht verlassen oder nicht betreten,
  - falls während der Operation Anwesenheit im Saal erforderlich: nach Ende der Operation beim Verlassen des Saals Schuhe ausziehen, blaue Überschuhe und Kittel überziehen, Patienten zum Aufwachraum bringen und dann direkt zur Personalumkleide gehen und umziehen.

Desinfektionsplan

Händedesinfektion

- Unmittelbar vor und nach Patientenkontakt.
- Mit alkoholischem Hautdesinfektionsmittel (z. B. Sterillium oder Desderman).
- 2 ml auf die trockenen Hände geben und 30 Sek. einwirken lassen.

Hautdesinfektion

- Vor Injektionen und Punktionen.
- Mit Kodan oder Cutasept.
- Großzügig aufsprühen, mit sterilem Tupfer verreiben, erneut aufsprühen, 30 Sek. einwirken lassen.

Schleimhautdesinfektion

- Z. B. vor dem Legen eines Blasenkatheters.
- Mit PVP-Jod.
- Mit sterilen Tupfern mehrfach unverdünnt auftragen.

Desinfektion bzw. Aufbereitung von Materialien

- Masken, Absaugtöpfe, Absaugköpfe und Kuhn-Systeme nach Gebrauch zur Reinigung und Desinfektion in Mielemaschinen geben.
- Guedel und Wendl nach Gebrauch in 2%ige Sekusept-Lösung (8 Stunden haltbar) einlegen, anschließend Reinigung und Desinfektion in der Mielemaschine.
- Spatel, Magillzange und Führungsstäbe nach Gebrauch in 2%ige Secusept-Lösung einlegen, danach mit Bürste manuell reinigen, in 10%ige Gigasept-Lösung (14 Tage haltbar) 60 Min. einlegen, anschließend gründlich abspülen.
- Sauerstoff-Masken in Mielemaschine reinigen und desinfizieren.
- Spirolog-Sensor in 10%ige Gigasept-Lösung 60 Min. einlegen.
- Ambubeutel bei jeder sichtbaren Kontamination (sonst monatlich) bei 105°C dampfdesinfizieren (Desinfektionsdatum auf dem Ambubeutel vermerken).
- Überdruckmanschetten, Handgriff, RR-Manschetten, EKG-Kabel, Temperatur-Sonden, Arbeitsflächen, Maquetwagen, Beatmungsgeräte sowie andere Geräte nach Gebrauch mit 0,5%iger Tegodor-Lösung wischen (Oberflächen-Wisch-Desinfektion).

Aufbereitung der Narkosegeräte

- Kreisteil im Operationssaal alle 3 Tage/Patiententeil monatlich (bzw. je nach Ausnutzung): → Schläuche in die Mielemaschine/Metall-Teile in den Sterilisator.
- Sterilisationsdatum am Gerät notieren.
- Kindervolumeter: nicht sterilisieren → defekt bei Temperaturen > 50 °C.
- Geräte in den Einleitungen: je nach Abteilung bzw. Ausnutzung der Geräte wöchentlich oder monatlich sterilisieren (mit Patiententeil).

Narkosesysteme

- Ermöglichen die Zufuhr von Narkosegasen vom Narkosegerät zum Endotrachealtubus oder zur Narkosemaske.

Bestandteile von Narkosesystemen

- Gasquelle (Wandanschluß zur zentralen Gasversorgung, alternativ Flaschen) → s. S. 2f.
- Gasdosierungs- und -mischeinrichtungen (Rotameter).
- Verdampfer (Vaporen) für Inhalationsanästhetika.
- Narkosesystem mit Reservoirbeutel (Atembeutel).
- Atemschläuche.
- Nichtrückatmungsventile.
- CO_2-Absorber.
- Meßeinrichtungen für Druck, Volumen, Gaskonzentration → s. S. 13, 52, 58.
- Beatmungsgerät (fakultativ).

Rotameter

- Zeigen den Gasdurchfluß auf dem Weg von der Gasquelle zum Patienten an.
- Ermöglichen eine genaue Konzentrationseinstellung von Gasen (z.B: N_2O und O_2).
- Bestehen aus einer durchsichtigen Röhre, der eine Skala aufgedruckt ist.
- In der Röhre kann sich ein Schwimmer, je nach Gasfluß, frei auf- und abbewegen → sobald das Gaseinlaßventil geöffnet ist, wird durch den Schwimmer die jeweils durchströmende Gasmenge an der geeichten Skala der Röhre angezeigt.
- Verschiedene Gase haben eine unterschiedliche Viskosität und Dichte → die verschiedenen Rotameter sind auf ein bestimmtes Gas geeicht.

Verdampfer (Vapor)

- Verdampfen die bei Raumtemperatur in flüssiger Form vorliegenden Inhalationsanästhetika (volatile Anästhetika).
- Physikalische Grundlagen bzw. Anforderungen an einen Vapor:
  - Verdampfung geschieht temperaturabhängig → je höher die Temperatur, desto mehr Anästhetikum verdampft; je niedriger die Temperatur, desto weniger Anästhetikum geht in den gasförmigen Zustand über → Vapore liefern in einem Temperaturbereich von ca. 10–40 °C genaue Konzentrationen (± 10%); d.h. in diesem Temperaturbereich arbeiten Vapore temperaturkompensiert.
  - Verdampfung geschieht druckabhängig → je niedriger der Luftdruck, desto mehr Anästhetikum geht in den gasförmigen Zustand über → die Vapore sind auf den bei uns herrschenden Luftdruck (ca. 760 Torr) geeicht.
  - Bei der Verdampfung wird Energie verbraucht, welche dem flüssigen Anästhetikum entzogen wird → das Anästhetikum kühlt sich während der Verdampfung ab → um das zu kompensieren, ist der Vapor mit einem Kupfermantel (große Wärmeleitfähigkeit) ausgestattet, der für einen ständigen Temperaturausgleich sorgt; dazu kommen im Inneren des Vapors entweder Ausdehnungskörper oder Bi-Metallstreifen (je nach Fabrikat), die ebenfalls eine Temperaturkompensation bewirken.

- Jedes Anästhetikum hat einen anderen Siedepunkt, besitzt daher bei Raumtemperatur einen bestimmten Dampfdruck (bzw. Sättigungskonzentration) → für jedes Anästhetikum muß ein spezifischer Vapor benutzt werden, damit gewährleistet ist, daß die am Vapor eingestellte Konzentration mit der dem Patienten zugeführten übereinstimmt.
- Je mehr Frischgas durch den Verdampfer geleitet wird, desto mehr Anästhetikum „muß" in den gasförmigen Zustand übergehen, damit die Dampfphase im Gleichgewicht mit der Flüssigkeit bleibt und die Sättigung des Frischgases erfolgen kann → auch hierfür muß der Vapor über Kompensationsmechanismen verfügen (z.B. Dochte, die sich mit dem Anästhetikum vollsaugen und so eine Vergrößerung der Verdunstungsoberfläche bewirken; Verlängerung des Weges für das Frischgas durch den gesättigten Dampf, um die Kontaktzeit mit dem volatilen Anästhetikum zu verlängern); beide Mechanismen, sowie der Temperaturausgleich (s.o.) sorgen in einem Bereich von 0,5 bis 15 l Frischgasfluß für konstante Konzentrationen des jeweiligen Anästhetikums.
- Um Konzentrationsunterschiede durch Druckschwankungen bei der Beatmung des Patienten auszuschließen, sollte ein Vapor außerhalb des Kreisteils angebracht werden.

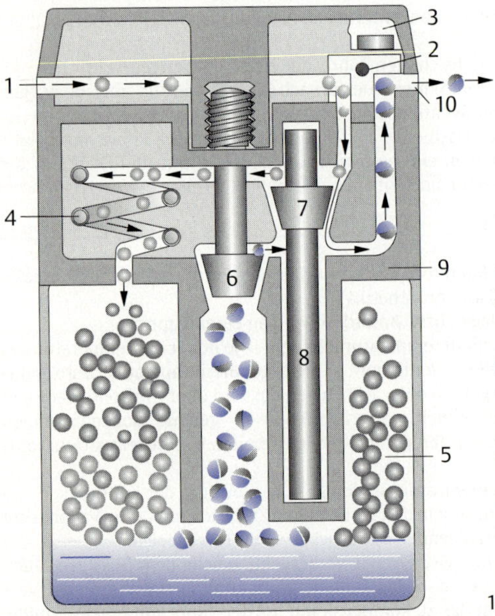

1 Frischgaseingang
2 Ein-Aus-Schalter, wird mit dem Handrad betätigt
3 Handrad
4 Druckkompensation
5 Verdunsterkammer
6 Steuerkonus
7 Verdunsterkammer-Bypass-Konus
8 Ausdehnungskörper zur Temperaturkompensation
9 Mischkammer
10 Frischgasauslaß

Abb. 1 **Verdampfer Vapor 19** (Drägerwerke).

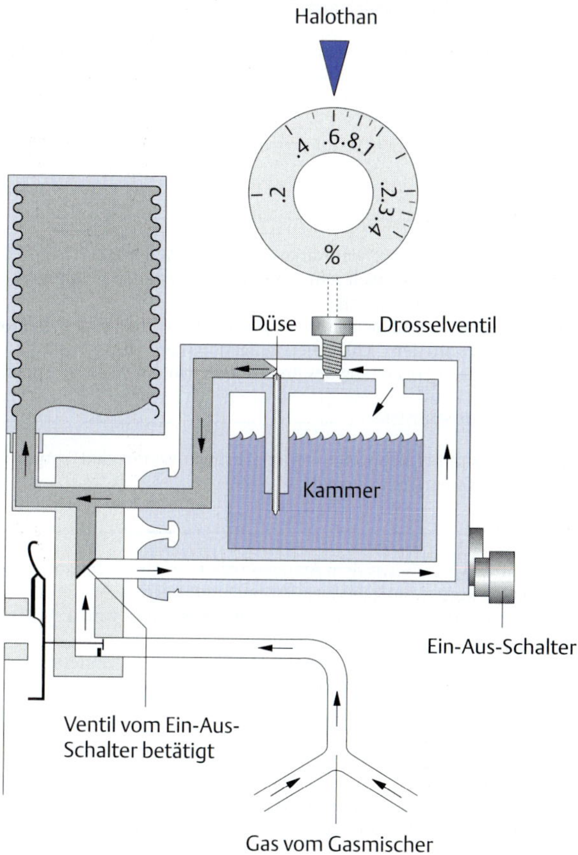

Abb. 2 **Vergaser** (Siemens).

- Variabler Flow-Verdampfer, jeweils als spezifischer Verdampfer für Halothan, Enfluran und Isofluran.
- Flow-, druck- und temperaturkompensiert.
- Arbeitet nach dem Venturi-Prinzip: das flüssige Anästhetikum wird durch eine Venturi-Düse in den Frischgasstrom eingesprüht und dadurch fein verteilt → sofortige Verdampfung.

Atembeutel bzw. Reservoirbeutel

- Vorratsbeutel für Frischgas zur Kompensation des wechselnden Gasbedarfs des Patienten, sowohl bei Spontanatmung als auch bei maschineller Beatmung (nicht bei allen Narkosegeräten) → klinische Einschätzung der Atmung eines spontan atmenden Patienten.
- Anwendung zur manuellen Beatmung durch regelmäßiges Ausdrücken des Beutels.

Atemschläuche

- Ermöglichen den „Transport" der Narkosegase zum Patienten.
- Sollten möglichst kurz und weit sein → geringe Widerstände → Faltenschläuche verwenden, sie knicken nicht ab.
- Dehnbarkeit der Atemschläuche bewirkt, daß ein Teil des eingestellten Atemminutenvolumens von den Schläuchen aufgenommen wird → funktioneller Totraum! → bei der Einstellung des Atemminutenvolumens berücksichtigen!

Nichtrückatmungsventile

- Plättchen aus Glimmer, Teflon oder Nylon (geringer Widerstand) sorgen für gerichteten Gasstrom im Atemsystem.

CO_2-Absorber

- Zur Elimination von CO_2 aus dem Atemgas (erforderlich bei Narkosesystemen, bei denen eine Rückatmung der Exspirationsluft erfolgt).
- Atemkalk (z. B. Soda-Lime) befindet sich in einem Behälter von ca. 1 l Fassungsvermögen.
  - Atemkalk besteht z. B. aus 5% NaOH und 95% $Ca(OH)_2$, verkittet mit Silica, zu staubfreien rauhen Granula (große Oberfläche) gepreßt + 15% ungebundenes Wasser → vor Austrocknung schützen!
    Chemische Reaktion (exotherm):
    $2\,NaOH + H_2CO_3 \rightarrow Na_2CO_3 + H_2O$ + Wärme
    $Ca(OH)_2 + Na_2CO_3 \rightarrow CaCO_3 + 2\,NaOH$
    → es wird solange CO_2 gebunden, bis das $Ca(OH)_2$ in $CaCO_3$ umgewandelt ist und kein neues NaOH zur Reaktion bereitgestellt wird.
  - Fehlende Erwärmung des Atemkalkes → Hinweis auf Verbrauch (leider nicht sicher),
  - dem Atemkalk ist ein Farbindikator zugefügt, dessen Farbumschlag nach violett das Ende der CO_2-Aufnahmefähigkeit anzeigen soll,
  - Farbumschlag bildet sich jedoch wieder zurück, wenn der Atemkalk längere Zeit steht → kein verläßliches Zeichen!
- Bei Verwendung von Einzelabsorbern: sichere Gebrauchszeit ca. 1,5 Stunden (abhängig vom Frischgasfluß).
- Bei Verwendung von Doppelabsorbern: Gebrauchszeit von 4–5 Stunden.
- Beim Füllen des Absorbers auf gute Dichte des Atemkalkes achten → leichtes Rütteln oder Klopfen, um einer „Straßenbildung" und einer dadurch ungleichmäßigen Absorption vorzubeugen.

Einteilung der Narkosesysteme

Narkosesystem	Reservoir	Rückatmung
offen	nein	keine
halboffen	ja	keine
halbgeschossen	ja	partiell
geschlossen	ja	vollständig

Offenes Narkosesystem

- Der Patient atmet Raumluft (evtl. mit O_2 angereichert) und Anästhetika-Dämpfe ein.
- Ausatmung und CO_2-Elimination erfolgen auf dem normalen Weg.
- Kein Reservoir vorhanden, keine Messung der Atemvolumina oder der Gaskonzentrationen → die Zusammensetzung des Inspirationsgases ist völlig unkontrolliert.
- Entsprechen in keiner Weise den Sicherheitsanforderungen.
- Beispiele: Schimmelbusch-Maske und Davis-Meyer-Insufflationsspatel.

Halboffenes System

- Frischgas und Exspirationsluft sind streng voneinander getrennt.
- Es findet keine Rückatmung statt → kein CO_2-Absorber erforderlich.
- Trennung von Inspirations- und Exspirationsluft erfolgt entweder durch Nichtrückatmungsventile (z. B. beim Dräger-Kreissystem) oder wird durch einen hohen Frischgasflow in ventillosen Systemen gewährleistet (z. B. Kuhn-System, s. S. 87).
- Halboffenes System mit Nichtrückatmungsventilen.
  - Vorteile:
    - Frischgasfluß muß nur so hoch sein wie das Atemminutenvolumen des Patienten,
    - Rückatmung von CO_2 ausgeschlossen,
    - Frischgasverbrauch niedriger als beim Spül-Gas-System ohne Ventile (2–3fache des Atemminutenvolumens erforderlich),
    - kontrollierte Dosierung und Zusammensetzung der inspiratorischen Gase möglich,
    - rasche Konzentrationsänderungen der Atemgase möglich (z. B. um eine Narkose zu vertiefen),
    - da Reservoirbeutel vorhanden, besteht die Möglichkeit zur assistierten oder kontrollierten Beatmung,
    - bei Spontanatmung des Patienten klinische Einschätzung der Spontanatmung über Exkursionen des Reservoirbeutels möglich.
  - Nachteile:
    - Relativ schlechte Anwärmung und Anfeuchtung der Atemluft (es sei denn, es wird mit Aquapor gearbeitet),
    - relativ hoher Frischgas- und Anästhetikaverbrauch.

Halbgeschlossenes System

- Partielle Rückatmung des ausgeatmeten Gases → CO_2-Absorber erforderlich.
- Kontrollierte Dosierung und Zusammensetzung der Inspirationsgase möglich.
- Reservoirbeutel vorhanden.
- Anfeuchtung und Erwärmung der Atemgase besser als im halboffenen System.
- Frischgas- und Anästhetikaverbrauch geringer als im halboffenen System, Richtung des Gasflusses wird durch Ventile gesteuert (s. Kreissystem 7a der Drägerwerke).
- Überschüssiges Frischgas kann durch ein Überdruckventil aus dem System entweichen.

Geschlossenes System

- Prinzip ist die vollständige Rückatmung der Exspirationsluft nach Elimination von CO_2 → Absorber erforderlich.
- Hierzu ist die vollständige Dichtigkeit des Narkosesystems sowie eine entsprechende Atemgasanalyse erforderlich.
- Als Frischgas ist nur der für den Metabolismus des Patienten erforderliche Sauerstoff (ca. 4 ml / kg KG) erforderlich und die Menge Narkosegas, die der Patient aufnimmt.
- Wärme- und Wasserverlust sind auf ein Minimum begrenzt.
- Anästhetika- und Frischgasverbrauch sind auf ein Minimum begrenzt → extrem niedriger Frischgas- und Anästhetikaverbrauch → niedrige Kosten → keine Umweltbelastung durch entweichende Narkosegase.
- Problem: schnelle Änderung der Narkosegaszusammensetzung erfordert hohen Frischgasfluß.

Low-flow-Anästhesie

- Frischgasfluß von 1 l / min.

Minimal-flow-Anästhesie

- Frischgasfluß von 0,5 l / min.

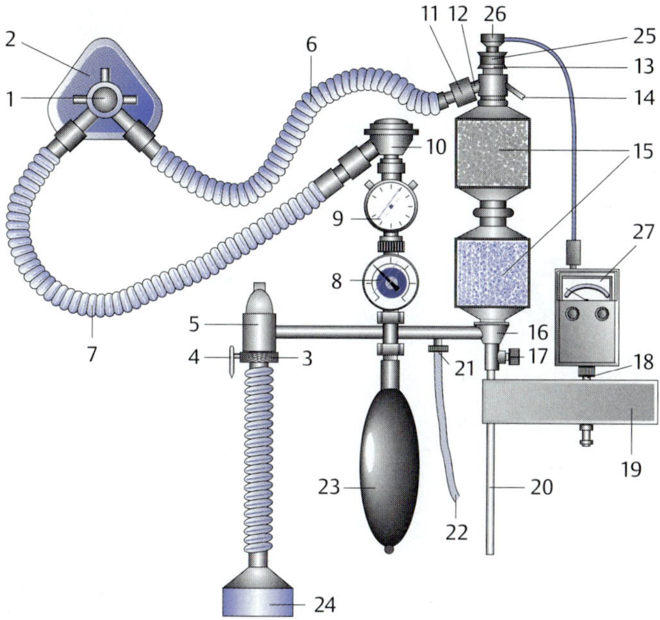

Abb. 3 **Kreissystem 7a** (Drägerwerke).
aus: Narkosesysteme (Haberecht) Aufbau des Kreisteils

1 Y-Stück für Masken- und Katheter-anschluß
2 Atemmaske
3 Rückschlagventil
4 Umschlaghebel
5 Überdruckventil (5 bis 40 mbar)
6 Inspirationsschlauch
7 Exspirationsschlauch
8 Atemdruckmesser
9 Dräger-Volumeter
10 Exspirationsventil
11 Mikrofilter
12 Anschlußmuffe für Mikrofilter
13 Inspirationsventil
14 Mischgasanschluß am Inspirations-ventil
15 CO_2-Absorber
16 Kreissystemträger
17 Feststellschraube
18 Gewindezapfen zur Befestigung von Narkoseuhr. Blutdruckmesser und/oder einem Halter zur Aufnahme eines O_2-Meßgerätes Oxycom 100 D
19 Gelenkarm
20 Hubstange zur Aufnahme und Höhenverstellung des Kreissystems
21 Mischgasanschluß am Kreissystemträger
22 Mischgasschlauch
23 Atembeutel. Beatmungsbeutel
24 Narkotikafilter-Einrichtung
30 Kondensor
31 O_2-Sensor
32 O_2-Meßgerät Oxycom 100 D

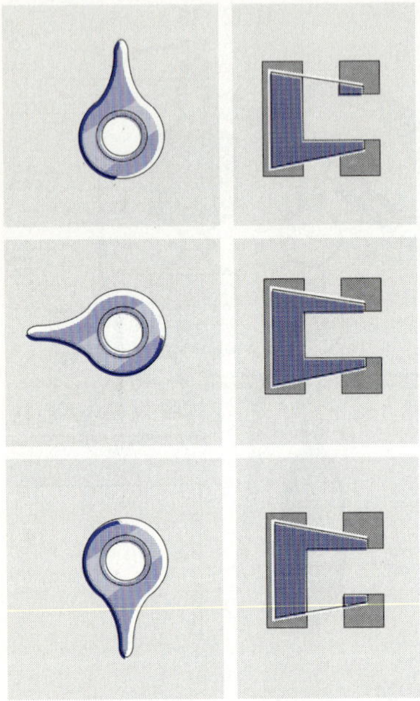

a – Manuelle Beatmung–Automatische Beatmung mit Druckbegrenzung am Kreissystem

b – Automatische Beatmung mit Druckreserve des Beatmungsgerätes
– Manuelles Blähen
– Geschlossenes System

c – Spontanatmung
– Schnellentlüftung und Spülung des Kreissystems

Abb. 4 **Umschalthebelpositionen.** aus: Narkosesysteme (Haberecht)

Abb. 5 – 7 **Unterschiedliche Funktionen und Gasströmungen beim Kreissystem.** aus: Narkosesysteme (Haberecht)

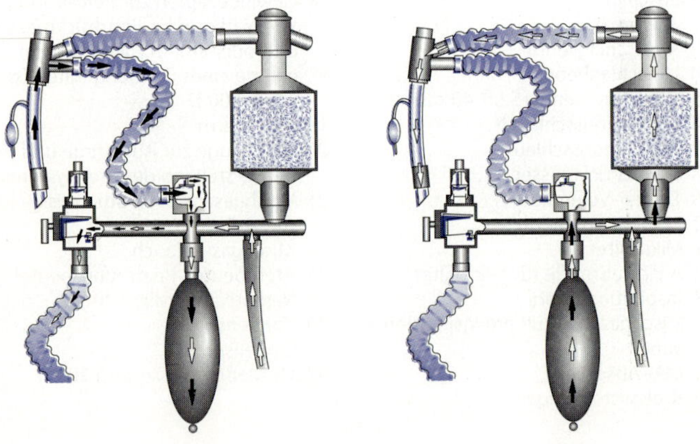

Exspiration Inspiration

Abb. 5 Funktionsschema „Spontanatmung“.

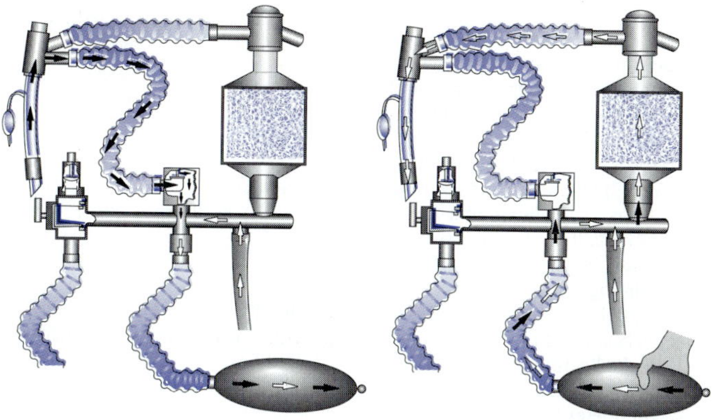

Abb. 6 Funktionsschema „Manuelle Beatmung“ oder „Automatische Beatmung mit Druckbegrenzung“:

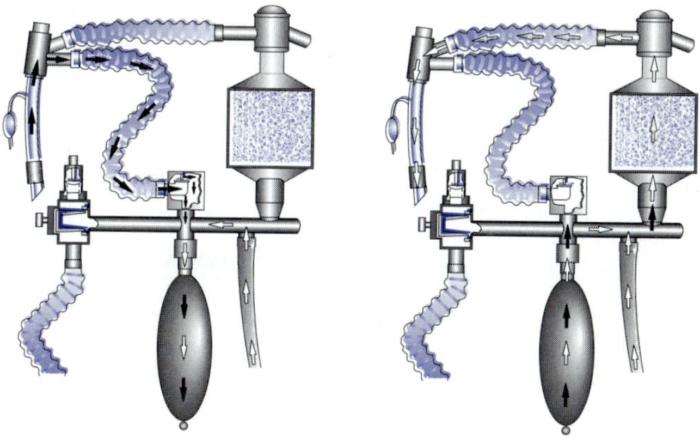

Abb. 7 Funktionsschema „Geschlossenes System“ oder „Automatische Beatmung mit Druckreservesystem“ oder „Manuelles Blähen“.

Funktionsprüfung der Geräte

Narkosegeräte

➤ Überprüfung von:
- Anschlüssen (Gas, Strom, Narkosegasabsaugung),
- Vollständigkeit des Gerätes,
- Zusammenbau des Gerätes,
- Absorber (frischer Atemkalk),
- Ventilplättchen (Sulla – vorhanden und intakt),
- Vapor (vorhanden und genügend aufgefüllt) **Achtung:** Vapore niemals schräghalten oder hinlegen!
- Oxidig (Kalibrierung auf 21 %),
- Spirologsensor,
- Capnolog-Sensor (Gerät auf „Standby" stellen),
- Leckagetest 40 mbar (1. Y-Stück verschließen; 2. Y-Stück mit Schlauch für manuelle Beatmung kurzschließen),
- IPPV-Funktion,
- Volumeter,
- Beatmungsdrucküberwachung mit Alarmfunktion,
- Narkosegasfilter (intakt oder zentrale Narkosegasabsaugung angeschlossen),
- Notfallbeatmungsmöglichkeit (z. B. Laerdalbeutel).

Absaugeinheit

➤ Überprüfung auf:
- Vollständigkeit,
- Unterdruck mit mindestens 0,6mbar möglich.

Monitoring

➤ Überprüfung:
- Einschalten,
- Bildschirmfunktion,
- Vorhandensein der erforderlichen Module,
- Alarmfunktion,
- evtl. Nullabgleich bei Benutzung von Druckaufnehmern.

Defibrillator

➤ Überprüfung:
- Vorgeschriebenen Test durchführen,
- NaCl 0,9% und Kompressen oder Elektrodengel bereitlegen.

Magill-Tuben zur orotrachealen oder nasotrachealen Intubation

- Anwendung bei Operationen außerhalb des Gesichtsschädelbereiches.
  - Bei Operationen in Rücken- oder Seitenlage und oraler Intubation → Fixierung mit Mullwickel („Lolly") und Bändchen.
  - Mundwinkel mit Kompressen schützen/Lippen eincremen,
  - das Ende der Mullwickel einmal umschlagen, weil es sonst „ausfranst",
  - „Lolly" wird in Hexoral-Lösung getaucht,
  - **nach erfolgter Fixierung überprüfen, ob die Zunge verdreht liegt → ggf. korrigieren!**
- Bei Operationen in Bauchlage oder in der Neurochirurgie sowie bei Hastings- oder Relton-Frame-Lagerung → Fixierung mit Pflaster.
- Bei Carotis-Operationen ebenfalls Pflasterfixierung zur Gegenseite (des Operationsgebietes) wie folgt:
  - Zunächst „Lolly" (nicht zu stark anfeuchten, sonst hält das Pflaster schlecht) und Tubus mit Bändchen fixieren,
  - zu lange Enden des Bändchens abschneiden,
  - breiten braunen Pflasterreifen parallel zur Unterlippe kleben (Lippenrot freilassen),
  - zweiten braunen Pflasterstreifen parallel zur Oberlippe kleben (Lippenrot freilassen),
  - mit schmalem Pflaster von rechts um den Tubus herumkleben und wieder nach rechts fixieren,
  - zweiten schmalen Pflasterstreifen von links um Tubus und „Lolly" herumkleben und nach links fixieren,
  - breiten braunen Pflasterstreifen über „Lolly" hinweg auf die anderen Streifen kleben.
  - Auf die Lage des Tubus (Zahnreihe) achten → Gefahr des Tieferrutschens!
- Der Tubus muß sehr gut fixiert sein, weil später alles abgedeckt wird und der Tubus nur noch schwer zugänglich ist!
  → **Eine Re-Intubation in Bauchlage ist unmöglich!**
- In der Neurochirurgie kein Bändchen → nur Pflasterfixierung!

Ring-Adair-Elwyn-Tuben (RAE-Tuben) (oral) in der Augenheilkunde

- Vorgeformte Tuben für Operationen im Kopfbereich
  - Kein zirkuläres Bändchen wegen möglicher Behinderung des venösen Abflusses aus dem Kopfbereich (Cave: Anstieg des intraoccularen Druckes),
  - Ableitung des Tubus zum Kinn,
  - Tubus mit Bändchen an die mit Hexoral getränkte Mullbinde binden,
  - Pflasterstreifen parallel zur Unterlippe auf das Kinn kleben, Tubus darüberlegen und mit einem schmalen Pflasterstreifen von einer Seite über Kreuz um den Tubus zur anderen Seite ziehen,
  - breiten Pflasterstreifen parallel zum Kinn über den Tubus und den schmalen Pflasterstreifen kleben,
  - breiten Pflasterstreifen von einer Seite des Mundes über den „Lolly" zur anderen Seite kleben,
  - Capnolog-Sensor unterpolstern (thermische Hautschäden, Druckschäden),
  - alle Konnektionsstellen oben und unten mit breitem braunem Pflaster fixieren,

- „Honigpflaster" quer über Capnolog-Sensor und Polster von einer Seite des Operationstisches zur anderen kleben.

➤ **Fixierung muß sicher sein → Tubus ist während der Operation nicht mehr zugänglich.**

Tuben in der Hals-, Nasen- und Ohrenheilkunde

➤ Vorgeformte Tuben (RAE).
➤ Spiraltuben (Woodbridge).
➤ Spezialtuben (für Mikrolaryngoskopie und Laser-Operationen).
➤ Spezialtuben für Patienten mit Tracheostoma (Laryngektomietubus).
➤ Ableitung zum Kinn oder zum Mundwinkel (abhängig von der jeweiligen Operation).
➤ Keine Mullwickel verwenden.
- Breiten Pflasterstreifen parallel zur Unterlippe auf das Kinn kleben (oder je nach Operation seitlich am Mundwinkel),
- Tubus darauflegen,
- schmalen Pflasterstreifen von der einen Seite über Kreuz um den Tubus zur anderen Seite kleben,
- breiten Pflasterstreifen über die beiden anderen Streifen und den Tubus kleben,
- Tubus-Capnolog-Beatmungsschlauchkonnektionsstellen mit breitem braunen Pflaster von oben und von unten fixieren,
- Capnolog-Sensor unterpolstern (thermische Hautschäden/Druckschäden).

➤ **Achtung:** Je nach Ausdehnung des Operationsgebietes muß ein Teil des Gesichtes frei bleiben (z.B. bei neck dissection).

RAE-Tuben (oral) in der Mund-, Kiefer- und Gesichtschirurgie

➤ Ableitung je nach Eingriffsort über die Kinnmitte oder die Mundwinkel.
- Pflasterstreifen parallel zur Unterlippe auf das Kinn kleben, Tubus darüberlegen und mit einem schmalen Pflasterstreifen von einer Seite über Kreuz um den Tubus zur anderen Seite ziehen,
- wieder einen breiten Pflasterstreifen parallel zum Kinn über den Tubus und den schmalen Pflasterstreifen kleben,
- Konnektionsstellen: Tubus-Capnolog-Beatmungsschläuche- evtl. Tubusverlängerung mit Pflaster fixieren,
- Capnolog-Sensor darf keinen direkten Hautkontakt haben (Druck/thermische Hautschäden).

RAE-Tuben (nasal) in der Mund-, Kiefer- und Gesichtschirurgie

➤ Speziell vorgeformte Tuben für nasale Intubationen (z.B. bei Zungenverkleinerungs-Operationen).
- Nasentropfen zur Schleimhautabschwellung,
- NaCl 0,9% zur Reinigung der Nasengänge,
- beide Nasenlöcher unter Zuhilfenahme von Xylocaingel mit Wendl oder kleinem Finger bougieren,
- Tubus wird danach über das weitere Nasenloch eingeführt,
- zur endotrachealen Plazierung Magillzange bereitlegen,
- Tubus wird nach oben über den Nasenrücken und die Stirn abgeleitet,

- breiter Pflasterstreifen wird waagerecht auf die Stirn geklebt,
- darüber schmalen Pflasterstreifen von der Stirn über den Nasenrücken in Richtung Nasenspitze zweimal zirkulär um den Tubus und wieder zurück über den Nasenrücken Richtung Stirn kleben,
- über den schmalen Pflasterstreifen einen weiteren breiten Streifen auf die Stirn kleben,
- Tubuskonnektor und Ansatz der Woodbridgeverlängerung werden mit Pflaster auf der Stirn fixiert → Auflagestelle muß mit weichen Kompressen abgepolstert werden (Nasenflügelnekroseprophylaxe),
- Konnektionsstellen an Ober- und Unterseite mit Pflasterstreifen sichern.

Robertshaw-Tuben

➤ Doppellumige Tuben, die eine „Eine-Lunge-Anästhesie" bzw. eine seitengetrennte Beatmung der rechten und linken Lunge ermöglichen.

➤ Besitzen eine proximale Blockmanschette in der Trachea und eine distale Blockmanschette in einem Hauptbronchus.

➤ Frauen (bzw. bis 170 cm Größe): Gr. 35, 37 French (F).

➤ Männer (bzw. über 170 cm Größe): Gr. 39, 41 French (F).

➤ **Anwendung in der Anästhesie bei:**
  - Abdomino-thorakalen Ösophagus-Operationen,
  - Lungenoperationen (z. B. Teilresektionen),
  - wegen der besseren Plazierbarkeit überwiegend Verwendung links-läufiger Doppellumentuben,
  - Carlensschloß bereitlegen und überprüfen (Verschluß- bzw. Öffnungsmechanik rechts und links).

➤ Blockmanschetten überprüfen:
  - Zum Blocken des trachealen Cuffs: 10 ml-Spritze,
  - zum Blocken des bronchialen Cuffs: 5 ml-Spritze, (keine 20 ml Spritze, um Cuffschaden zu vermeiden),
  - Xylocain-Gel auf beide Cuffs geben.

➤ Absolut sichere Fixierung mittels Mullwickel und Bändchen!
  - Vorsicht beim Umlagern des Patienten → Dislokationsgefahr!
  - Evtl. Materialien für die apnoeische Ventilation der nicht mit intermittierendem Überdruck beatmeten Lunge bereithalten (M-Konnektor, PEEP-Ventil, O_2-Quelle oder CPAP-Modul, Schlauchsystem).

➤ Fiberoptische Lagekontrolle erforderlich.

➤ **Alle bisher aufgeführten Tuben verfügen über High-volume-low-pressure-Cuffs!**

Oxford-non-kinking-Tuben (ONK-TUBEN)

➤ Tuben zur Verwendung bei schwierigen Intubationen und Notfallsituationen:
  - Gummi-Tuben mit High-pressure-Cuff und langem Gummiführungsstab, der weit über das distale Tubenende hinausragt,
  - Tuben sind rechtwinklig gebogen, starr und knicken nicht ab,
  - zur orotrachealen Intubation,
  - Tubus ist kurz und kann daher selten zu tief rutschen (Gefahr der einseitigen Intubation nahezu ausgeschlossen).

- Nachteile:
  - Nur orale Intubation möglich,
  - Material ist unflexibel,
  - hohe Cuffdrücke für die Blockung erforderlich.
  - **Bereits nach wenigen Stunden Trachealulcera möglich!**

Univent-Tuben („Bronchus-Blocker“)

- Größe 8,0 und 8,5 mm ID.
- Anwendung zur „Eine-Lunge-Anästhesie“ (z.B. bei Thorakotomien):
  - Silikon-Tubus mit High-volume-low-pressure-Cuff,
  - das Hauptlumen hat 8,0 bzw. 8,5 mm ID,
  - der Tubus besitzt ein zusätzliches Lumen mit geringem Innendurchmesser, durch welches ein sog. „Blocker“ vor- und zurückbewegt werden kann; wahlweise in den rechten oder linken Hauptbronchus,
  - der „Blocker“ kann am proximalen Tubusende fixiert werden, sobald er positioniert ist,
  - fiberoptische Lagekontrolle erforderlich,
  - den Bronchus-Blocker mit einer 5 ml-Spritze blocken,
  - über das Lumen des „Blockers“ kann auch CPAP auf die nicht ventilierte Lunge gegeben werden,
  - Fixierung mit Mullwickel und Bändchen wie einen Magill-Tubus.
- Vorteile:
  - Das Intubieren ist atraumatischer als mit einem Robertshaw-Tubus,
  - postoperativ ist keine Umintubation erforderlich.
- Nachteil:
  - Soll die zu operierende Lunge kollabieren, so dauert es relativ lange bis sie entlüftet ist (geringes Lumen des „Blockers“) → keine Anwendung des Univent-Tubus bei Thorakoskopien.

➤ Indikationen, Kontraindikationen s. S. 158 ff/Checkliste Intensivpflege

Peripher-venöse Verweilkanülen (z. B. Insyte oder Abbocath)

➤ Bitte bei der Pflasterfixierung darauf achten, daß ein Pflasterstreifen auf den Übergang zwischen Kanüle und Dreiwegehahn geklebt wird um Abknickung vorzubeugen, v.a. bei Insyte-Kanülen!
  - Durchmesser von oben nach unten abnehmend:
    - 13 G,
    - 14 G,
    - 16 G,
    - 18 G,
    - 20 G,
    - 22 G,
    - 24 G,
    - 26 G.

Zentralvenöse Katheter

➤ Cavafix 375 (V. basilica).
➤ Cavafix 355 (V. jugularis).
➤ Cavafix 358 (V. subclavia).
  - Anwendung dieser Katheter bei Erwachsenen.
➤ Cavafix 275 (V. basilica).
➤ Cavafix 255 (V. jugularis).
➤ Cavafix 258 (V. subclavia).
  - Anwendung z. B. bei Schulkindern.
    - Die genannten Katheter gibt es auch als „Certodyn-Katheter".
    - Lagekontrolle mittels Verbindungsstück zwischen speziellem EKG-Kabel und Katheter möglich (hohe p-Welle erkennbar, wenn Katheter im rechten Vorhof) → Dokumentation über EKG-Schreiber am Monitor → Streifen auf dem Anästhesieprotokoll ankleben → kein Röntgen-Thorax erforderlich!
➤ Material:
  - Sterile Tupfer,
  - Lochtuch,
  - sterile Handschuhe,
  - 12-er Kanüle,
  - 2 ml Spritze (bei Punktion von V. subclavia oder V. jugularis),
  - 5 ml Spritze,
  - beim wachen Patienten an Lokalanästhetikum denken (z. B.: Xylocain 2% oder Scandicain 1%).

Multilumenkatheter (MLK) ohne Schleuse

➤ Punktionsorte:
  - Meist V. jugularis interna rechts oder links bzw. V. subclavia rechts oder links.
➤ Material:
  - Katheter (7 F oder andere Größen), Seldingerdraht und Dilatator bzw. MLK-Set,
  - steriler Kittel,
  - großes Lochtuch,
  - sterile Kompressen,

- sterile Handschuhe,
- 12-er Kanüle,
- 2 ml Spritze,
- 5 ml Spritze,
- 10 ml Spritze,
- NaCl 0,9%-Amp. (10 ml),
- blaue Drei-Wege-Hähne in entsprechender Anzahl,
- Stichskalpell (Nr. 11).

➤ **Achtung:** Es gibt MLK-Sets mit entsprechendem Draht sowie Seldinger-Nadel und Dilatator. Diese Multilumenkatheter sind 30 cm lang. Sind diese nicht vorhanden, werden die 40 cm langen Multilumenkatheter benutzt und ein Führungsdraht in 80 cm Länge sowie Dilatator und Seldinger-Kanüle aus Einzelverpackungen angereicht.

Fixierung von Cavafix-Kathetern und Multilumenkathetern

➤ Beispiel:
- 1. Steg mit breitem braunen Pflaster nahe der Punktionsstelle,
- 2. zweiten braunen Pflasterstreifen als weiteren Steg dachziegelartig versetzt über den ersten kleben,
- 3. Tupferokklusivverband über die Einstichstelle kleben.

➤ Die Fixierungsmethoden von Kathetern in der Anästhesie können von denen auf den Intensivtherapiestationen abweichen, da meist nicht primär der Hautschutz, sondern vor allem die Sicherung gegen Herausrutschen z. B. bei Umlagerung im Vordergrund steht.

➤ Die Desinfektion der Haut vor Punktion, sowie entsprechende Lagerung des Patienten erfolgt wie auf der Intensivstation.

Multilumenkatheter mit Schleuse

➤ Material:
- Schleuse (8,5 F); meist als Set mit Draht und Dilatator vorhanden,
- Schleuse rechts-seitig (9 cm lang),
- Schleuse links-seitig (6 cm lang),
- Katheter (7 F); Länge 40 cm,
- sterile Handschuhe,
- steriler Kittel,
- großes Lochtuch,
- sterile Kompressen,
- 12-er Kanüle,
- 2 ml Spritze,
- 5 ml Spritze,
- 10 ml Spritze,
- NaCl 0,9% (10 ml-Amp.),
- Stichskalpell Nr. 11
- blaue Drei-Wege-Hähne in entsprechender Anzahl.

Pulmonaliskatheter (mit Schleuse)

- Material:
  - Schleuse (8,5 F oder 9 F); 6 cm oder 9 cm lang; als Set mit Draht und Dilatator,
  - Katheter (7 F oder 8 F),
  - sterile Handschuhe,
  - steriler Kittel,
  - großes Lochtuch,
  - sterile Kompressen,
  - 12-er Kanüle,
  - 2 ml Spritze,
  - 5 ml Spritze,
  - 10 ml Spritze,
  - NaCl 0,9% (10 ml-Amp.),
  - blaue Drei-Wege-Hähne in entsprechender Anzahl,
  - 1 roter Drei-Wege-Hahn,
  - 1 Thermistor (Y-Stück),
  - 11-er Skalpell.
  - Monitoring-Set vorbereiten!

Fixierung von Multilumenkathetern und Pulmonaliskathetern mit Schleuse

- Beispiel:
  - 1. breiten Porofix-Streifen unter Schleuse kleben,
  - 2. schmalen Porofix-Streifen über Kreuz um Schleuse herumkleben und auf breitem Streifen fixieren,
  - 3. Porofix-Streifen mit Metalline-Punkt auf Einstichstelle kleben.
    - Es darf auch mit Tupferokklusivverband und „normalem" braunen Pflaster gearbeitet werden!
    - Evtl. ist ein Druckverband über der Einstichstelle erforderlich.
  - 4. Schleuse sichern!
    - Z.B.: Breiten braunen Pflasterstreifen um Einführungsbesteck sowie seitliche Schleusenleitung kleben, um ein Herausrutschen des Einführungsbestecks zu verhindern.
- Das Ende des Pulmonaliskatheters wird für die Operation je nach Fachrichtung entweder neben dem Kopf des Patienten auf dem Operationstisch fixiert oder am Körper des Patienten.

Arterielle Katheter

- Indikationen, Komplikationen s. S. 167 f/Checkliste Intensivpflege.
  - Quick-Cath 20 G (oder 22 G) für Punktion der A. radialis,
  - alternativ: Insyte-Systeme bzw. Systeme der Fa. Arrow 20 G (oder 22 G) mit Seldinger-Draht,
  - Leader-Cath-Systeme (Fa. Vygon) für Punktion der A. femoralis (18 G Nadel/23 cm langer Katheter).
    - Vorbereitung des Monitoring-Sets,
    - Fixierung mit Porofix wie üblich,
    - Arterienaufkleber.

Versehentliche intraarterielle Injektion

Symptome

- Plötzlicher starker, evtl. brennender Schmerz bei der Injektion im Versorgungsgebiet der betroffenen Arterie.
- Taubheitsgefühl, Sensibilitätsstörungen.
- Pulslosigkeit → Blässe → Ödembildung → Nekrose, Gangrän.

Initialmaßnahmen

- Kanüle vor Ort belassen! → Arzt verständigen!
- Evtl. Aspirationsversuch.
- Injektion von NaCl 0,9% i.a. zum Verdünnen.
- Gabe von Xylocain 2% i.a. (→ Versuch, den Vasospasmus zu verhindern; zur Schmerzbekämpfung).
- Injektion von Kortikoiden i.a. (z.B. Methylprednisolon 100 mg).
- Evtl. Heparin 2500 – 5000 I.E.
- Schmerzbekämpfung und Sympatikolyse durch periphere Nervenblockade (z.B. axillärer Plexus, Stellatumblockade).
- Weiteres Vorgehen richtet sich nach der konkreten Situation (Ausmaß der Schädigung ist abhängig von pH und Menge der verabreichten Substanz).

Vorbeugende Maßnahmen

- Bei liegenden arteriellen Kanülen: Kennzeichnung durch roten Drei-Wege-Hahn, roten Arterien-Aufkleber.
- Für venöse Zugänge gilt: wenn möglich Handrückenvenen punktieren; in der Ellenbeuge ist eine arterielle Fehllage wahrscheinlicher!
- **Im Zweifelsfall:** Infusion (z.B. NaCl 0,9%) anschließen und überprüfen, ob Blut aufsteigt oder die Infusion einwandfrei läuft; besser noch: Druckmessung anschließen (Kurve sichtbar?!).
- **Wichtig!**
  - z.B. bei Schock, Hypoxämie, extremer Hypotonie können die typischen Symptome einer arteriellen Fehlpunktion (pulssynchron spritzendes, hellrotes Blut) fehlen.
  - Beim narkotisierten Patienten fehlen die Frühsymptome (Schmerz!).

➤ Formen der Transfusion s. S. 197 f/Checkliste Intensivpflege.

ABO-System

➤ Bezieht sich im wesentlichen auf die **Antigene** an der Erythrozytenmembran (angeborene Merkmale: Antigen A und Antigen B):
  - Antigen A auf der Erythrozytenmembran = Blutgruppe A,
  - Antigen B auf der Erythrozytenmembran = Blutgruppe B,
  - Antigen A und Antigen B auf der Erythrozytenmembran = Blutgruppe AB,
  - kein Antigen auf der Erythrozytenmembran = Blutgruppe 0.

➤ In den ersten Lebensmonaten werden blutgruppenspezifische Antikörper gebildet (durch Zufuhr von Antigenen).
  → sogenannte **„reguläre Antikörper"**:
  - Blutgruppe A weist im Serum Antikörper gegen Antigen B auf (= Anti B),
  - Blutgruppe B weist im Serum Antikörper gegen Antigen A auf (= Anti A),
  - Blutgruppe AB weist im Serum keine Antikörper auf,
  - Blutgruppe 0 weist im Serum Antikörper gegen Antigen A und Antigen B auf (= Anti A und Anti B).

Blutgruppe	Antigen (Erythrozyt)	Antikörper (Serum)
A	A	Anti B
B	B	Anti A
0	–	Anti A und Anti B
AB	A und B	–

„Irreguläre Antikörper"

➤ Durch parentale Sensibilisierung mit Erythrozyten fremder Antigenstruktur (z. B. bei Schwangerschaften oder Bluttransfusionen).

➤ Können jahrelang erhalten bleiben.

➤ Kälteagglutinine sind auch „irreguläre Antikörper".

Rhesus-System

➤ Unterscheidung von sechs Hauptantigenen (D, d, C, c, E, e).

➤ D, C, E werden dominant vererbt.

➤ Träger des Antigens D werden als Rh-positiv bezeichnet (hat die größte Verbreitung).

Kell-System

➤ K-Antigen ist sehr stark wirksam.

➤ Wird häufig bei Massivtransfusionen gebildet (wenn K-negative Empfänger K-positives Blut erhalten) → K-negative Empfänger sollen nur K-negatives Blut erhalten.

Verträglichkeitsteste

- Bestimmung der Blutgruppe und des Rhesus-Faktors (im Labor).
- Kreuzprobe (im Labor / Dauer: minimal 30 Min.).
- Antikörper-Suchtest (im Labor).
- Bedside-Test (unmittelbar vor der Transfusion mittels Testkarte):
  - Nativblut des Patienten wird mit Testseren (Anti A, Anti B und Anti D) auf der Testkarte zusammengebracht,
  - bei Agglutination des Patientenblutes mit Testserum Anti A hat der Patient Blutgruppe A,
  - bei Agglutination des Patientenblutes mit Testserum Anti B hat der Patient Blutgruppe B,
  - bei Agglutination des Patientenblutes mit Testserum Anti A und Anti B hat der Patient Blutgruppe AB,
  - kommt es weder mit Testserum Anti A noch mit Anti B zu einer Agglutination des Patientenblutes, so hat der Patient die Blutgruppe 0,
  - bei Agglutination des Patientenblutes mit dem Testserum Anti D ist der Patient Rh-positiv.

Sonstige Kontrollen

- Vergleich von Blutkonserve, Begleitschein und Patientendaten:
  - Identität des Patienten,
  - Blutgruppe des Patienten,
  - Blutgruppe und Nummer der Konserve (Begleitschein),
  - Verfallsdatum der Konserve,
  - Datum bzw. Gültigkeit der Kreuzprobe,
  - Unversehrtheit der Konserve,
  - Exakte klinische Überwachung des Patienten, v.a. während der ersten Minuten nach Transfusionsbeginn!

Hämolytische Transfusionsreaktionen

- Beruhen zumeist auf einer Unverträglichkeit mit AB0-System → Antigen-Antikörper-Reaktion → Zerstörung der Erythrozyten im Empfänger → Freisetzung von gefäßerweiternden Stoffen → Schock → Nierenfunktionsstörungen → Elektrolytverschiebungen.
  - Symptome:
    - Tachykardie,
    - Hypotonie,
    - Bronchospasmus,
    - Schüttelfrost, Fieber,
    - Rötung des Gesichts,
    - Übelkeit, Erbrechen,
    - Rücken- und/oder Kopfschmerzen,
    - Gerinnungsstörungen.
    - Hämoglobinurie → Cave: Nierenversagen!
  - Therapie:
    - Sofort Transfusion unterbrechen!
    - Sauerstoff-Gabe → evtl. Intubation und Beatmung mit 100% Sauerstoff,
    - Schockbekämpfung,
    - Kortisongabe (z.B. Urbason 1000 mg i.v.),
    - Urinausscheidung fördern (z.B. Ringer-Lactat und Lasix, Dopamin),
    - Intensiv-Therapie.
    - Rest der Blutkonserve aufbewahren bzw. einer erneuten Kreuzprobe zuführen!

Sonstige Komplikationen

- Allergische Reaktionen.
- Fieberreaktionen (z.B. durch leukozyten- und thrombozyten-spezifische Antigene.
- Bakterielle Reaktionen (durch bakterielle Verunreinigung der Konserve → Reaktion entsteht durch bakterielle Toxine → massive Transfusionsreaktion mit schwersten Komplikationen).
- Übertransfusion und Lungenödem.
- Transfusionshepatitis.
- Sonstige Infektionen (z.B. HIV).

Probleme bei Massivtransfusionen

- Elektrolytveränderungen:
  - Hyperkaliämie (v.a. bei Transfusion älterer Konserven → durch Hämolyse in der Konserve → Freisetzung von intrazellulärem Kalium),
  - Hypokalzämie (weil das in den Stabilisatoren der Konserven vorhandene Zitrat Kalcium-Ionen bindet).
- Veränderungen des Säure-Basen-Haushaltes:
  - Metabolische Azidose (durch Zitrat in den Blutkonserven).
- Weitere Probleme:
  - Abfall der Körpertemperatur → Einsatz von Wärmelampe, Wärmedecken, Blutwärmern oder Rapid Infusion System,

- Störungen der Blutgerinnung (z.B. durch Verdünnungsthrombozytopenie, Faktor V- und VIII-Mangel, Disseminierte intravasale Gerinnung mit Verbrauchskoagulopathie, Hämolytische Transfusionsreaktionen),
- Übertragung von Mikroaggregaten,
- Mangel von 2,3-Diphosphoglycerat → möglichst Konserven transfundieren, die weniger als 5 Tage alt sind.

Inhalationsanästhesie

- Durchführung einer Narkose mittels Zugabe eines volatilen Anästhetikums zum Atemgasgemisch (z. B.: Halothan, Enfluran, Isofluran).
- Supplementierung mit N_2O (z. B.: 4 l N_2O / 2 l O_2) zur Analgesie.
- Narkoseeinleitung gewöhnlich durch intravenöse Applikation eines Hypnotikums (z. B.: Thiopental = Trapanal).
- Narkoseeinleitung per inhalationem möglich (z. B. in der Kinderanästhesie, s. S. 89).
- Durchführung als Maskennarkose, Laryngeale Maske oder Intubationsnarkose.
- Intubation in tiefer Inhalationsnarkose oder nach Gabe eines Relaxans (nach dem Einschlafen des Patienten).

Neuroleptanästhesie (NLA)

- Klassische Neuroleptanästhesie:
  - Wird heute nur noch sehr selten durchgeführt,
  - Kombination eines Neuroleptikums (z. B.: Dehydrobenzperidol) mit einem stark wirksamen Analgetikum (z. B.: Fentanyl),
  - Muskelrelaxierung mit Pancuronium oder Norcuron,
  - Wenn möglich, N_2O zur Supplementierung,
  - Durchführung als Intubationsnarkose.
- Modifizierte Neuroleptanästhesie:
  - Kombination eines Benzodiazepins (z. B.: Midazolam = Dormicum) mit einem stark wirksamen Analgetikum (z. B.: Fentanyl),
  - Dehydrobenzperidol wird nur noch in geringer Dosierung als Antiemetikum gegeben,
  - Muskelrelaxierung und Supplementierung mit N_2O s. o.,
  - Durchführung als Intubationsnarkose.
- Indikationen:
  - Lange, schmerzhafte Operationen,
  - herzinsuffiziente Patienten,
  - bestehende Kontraindikationen für volatile Anästhetika.

Balancierte Anästhesietechnik

- Narkoseverfahren, bei dem eine Inhalationsanästhesie durch Opiate (z. B.: Fentanyl oder Alfentanyl = Rapifen) und evtl. auch durch Muskelrelaxantien (z. B.: Norcuron oder Pancuronium) supplementiert wird.
- Durchführung üblicherweise als Intubationsnarkose, evtl. als Laryngeale Maske.
- Indikationen:
  - Operationen, die schmerzhaft sind und / oder lange dauern.

Totale intravenöse Anästhesie

- Durchführung einer Narkose mittels kontinuierlicher Gabe eines Hypnotikums (z. B.: Propofol = Disoprivan).
- Gewöhnlich erfolgt zusätzlich die intravenöse Applikation eines Opiates (z. B.: Rapifen oder Fentanyl).
- N_2O-Gabe zur Supplementierung.
- Durchführung als Maskennarkose, Laryngeale Maske oder Intubationsnarkose (dann zusätzlich Gabe eines Muskelrelaxans).

Atar- und Tranquanalanalgesie

- Applikation von Ketamin (Ketanest) in Kombination mit einem Benzodiazepin (z.B.: Midazolam = Dormicum).
- Supplementierung mit N_2O möglich.
- Durchführung üblicherweise als Maskennarkose.
- Indikationen:
  - Kurze und/oder unkomplizierte Eingriffe,
  - asthmakranke Patienten.

Kombinationsnarkose

- Anästhesieverfahren, bei dem ein Verfahren der Lokal- oder Regionalanästhesie (z.B. die Katheter-Periduralanästhesie) mit einem Verfahren der Allgemeinanästhesie (üblicherweise der balancierten Anästhesietechnik) kombiniert wird.
- Anwendung bei langdauernden, schmerzhaften Operationen, v.a. wenn auch postoperativ die Analgesie über den Periduralkatheter fortgeführt werden soll.
- Vorteil:
  - Intraoperativ Analgesie über Periduralkatheter möglich → volatile Anästhetika, Opiate und Muskelrelaxantien können eingespart werden → Patient erwacht schneller aus der Narkose.

Periduralanästhesie (PDA)

- Definition:
  - Vorübergehende Unterbrechung der neuralen Erregungsleitung auf dem Niveau der Spinalnervenwurzeln, hervorgerufen durch Injektion eines Lokalanästhetikums in den Periduralraum des Wirbelkanals.
- Indikationen:
  - Operationen und diagnostische Einigriffe unterhalb des Nabels, die in Rükken- oder Steinschnittlage ausgeführt werden,
  - geburtshilfliche Anästhesie,
  - als Komponente einer Kombinationsnarkose zur Schmerzausschaltung während und nach großen abdominalen und/oder thorakalen Eingriffen.
- Kontraindikationen:
  - Gerinnungsstörungen,
  - Allergien gegen Lokalanästhetika (extrem selten),
  - Infektionen im Punktionsbereich,
  - Polyneuropathien im Ausbreitungsbereich,
  - schwere Veränderungen im Wirbelsäulenbereich,
  - unkooperativer Patient bzw. Patient lehnt PDA ab,
  - unklare Ausdehnung der Operation,
  - Hypovolämie.

Spinalanästhesie (SPA)

- Definition:
  - Vorübergehende Unterbrechung der Erregungsleitung in Spinalnervenwurzeln durch Injektion eines Lokalanästhetikums in den lumbalen Subarachnoidalraum.
- Indikationen:
  - Operationen im Bereich der unteren Extremitäten,
  - Operationen im Unterbauch/Leistenbereich,
  - Blase und Prostata, Transurethrale Resektion (TUR),
  - Hämorrhoiden-Operationen,
  - Geburtshilfe,
  - Eingriffe nicht länger als 2–3 Stunden.
- Spezielle Kontraindikationen:
  - Nicht korrigierter Volumenmangel (Schock),
  - Gerinnungsstörungen.

Plexusanästhesie (axillärer Zugangsweg)

- Definition:
  - Vorübergehende Blockade des Plexus axillaris durch Injektion eines Lokalanästhetikums in die unmittelbare Nähe des Nervengeflechtes.
- Indikationen:
  - Alle Eingriffe an Hand, Unterarm und unterem Drittel des Oberarms.
- Kontraindikationen:
  - Entzündung im Injektionsgebiet,
  - Gerinnungsstörungen,
  - Allergien gegen Lokalanästhetika,
  - Nervenschädigungen im Bereich der zu anästhesierenden Extremität,
  - Polyneuropathien.

Intravenöse Regionalanästhesie (i. v. Reg.)

- Definition:
  - Blockade der Schmerzleitung in einer mittels Staubinde verschlossenen Extremität durch intravenöse Injektion eines Lokalanästhetikums.
- Indikationen:
  - Eingriffe bis zum Ellenbogen oder bis zum Kniegelenk,
  - Operation in Blutleere bis zum Verband,
  - Operationsdauer unter einer Stunde.
- Kontraindikationen:
  - Allergie gegen Lokalanästhetika,
  - intraoperatives Öffnen der Blutleere erforderlich,
  - arterielle Durchblutungsstörungen des Armes,
  - unkooperative Patienten.

Masken

- Frauen: Medic Gr. 3.
- Männer: Medic Gr. 4, selten 5.
- Kinder: Medic Gr. 2 oder 1, oder bei noch kleineren: Rendell-Baker 0, 1, 2 oder 3.

Guedel (oropharyngealer Tubus)

- Besteht aus rotem Gummi oder Kunststoff (z.T. auch durchsichtiges Material).
- Soll ein Zurückfallen der Zunge in den Hypopharynx verhindern.
- Anwendung:
  - Mund des Patienten öffnen, Guedel mit dem gebogenen Ende in Richtung Gaumen in den Mund des Patienten einführen und danach um 180° drehen,
  - Frauen: Gr. 3,
  - Männer: Gr. 4, selten 5.
  - Kein Schutz vor Aspiration!
  - Wache Patienten tolerieren den Guedel meist nicht! → Würgereiz!
  - Kein Guedel in der Einschlaf- und Aufwachphase → Aspirationsgefahr.

Wendl (nasopharyngealer Tubus)

- Besteht aus weichem Gummi oder Kunststoff.
- Soll ein Zurückfallen der Zunge in den Hypopharynxbereich verhindern.
- Anwendung:
  - Abstand zwischen Nasenspitze und Ohrläppchen des Patienten abmessen, um festzustellen, wie weit der Wendl vorgeschoben werden muß,
  - Xylocaingel als Gleitmittel benutzen,
  - Frauen: ca. 28–30 Ch.,
  - Männer: ca. 30–34 Ch.
  - Kein Schutz vor Aspiration!
  - Wird vom wachen Patienten besser toleriert als Guedel.

Laryngoskop

- Griff:
  - Batterien und Licht überprüfen.
- Spatel:
  - Funktion und Helligkeit überprüfen,
  - Frauen: Gr. 3,
  - Männer: Gr. 4, selten 5.
- Spezialspatel: in der Hals-, Nasen-Ohrenklinik, Mund-, Kiefer und Gesichtschirurgie bzw. je nach Operation (Schublade für „schwierige Intubation").

Zahnschutz

- Bleiplatte in Intubationsschublade.
- Geformter Beißschutz im HNO-Operationssaal.
- Wird v.a. benötigt bei schwierigen Intubationen, sowie bei Patienten mit brüchigen Zähnen oder Jacket-Kronen.

Führungsstäbe

- Verschiedene Größen, je nach Tubusdurchmesser.
- Tubus vorher silikonisieren.
- Führungsstab soll nicht vorne überstehen (Verletzungsgefahr der Trachea).
- Nach Erreichen des Tracheaeinganges Führungsstab zurückziehen und dann Tubus weiter vorschieben (Verletzungsgefahr minimieren).

Tuben

- Frauen: ca. 7,5 – 8,0 mm ID.
- Männer: ca. 8,5 mm ID.
- Vorbereitung:
  - Cuff überprüfen, anschließend gut entleeren,
  - Xylocain-Gel als Gleitmittel benutzen,
  - Material zur Fixierung (z. B.: „Lolly" + Bändchen + Kompressen + Klemme).
  - nach Intubation Cuffdruckmessung,
  - bei längeren Operationen intermittierende bzw. kontinuierliche Cuffdruckmessung.
  - Achtung! Cuffdruckerhöhung durch Diffusion von N_2O in den Cuff!
- Lage des Tubus bei Erwachsenen: Frauen: ca. 21 cm Zahnreihe, Männer: ca. 23 cm Zahnreihe.

Infusionen (für Erwachsene)

- Für peripher-venöse Zugänge: Ringer-Lactat (500 ml).
  - NaCl 0,9 % (500 ml) bei Niereninsuffizienz (evtl. mit Dial-a-flow),
  - Ringerlactat (500 ml) bei neurochirurgischen Patienten.
- Für ZVK: Glukose 5 % (500 ml) mit 2 blauen Drei-Wege-Hähnen.
  - Keine Glukose-Lösung bei neurochirurgischen Patienten!

Maskennarkose

- Indikation:
  - Kurze und unkomplizierte Eingriffe (z. B. Abrasio)/Narkosezeiten bis maximal 45 Min.
- Kontraindikationen:
  - Ileus,
  - nicht nüchterner Patient,
  - Eingriffe, die eine Relaxierung mit mittellang wirkenden Muskelrelaxantien notwendig machen,
  - Eingriffe im Hals- oder Kopfbereich,
  - intraabdominelle oder intrathorakale Eingriffe
  - Bauch- oder Seitenlage.
  - Operationen, bei denen evtl. Kopftieflage erforderlich ist (→ Aspirationsgefahr),
  - Schwangere ab der 21. SSW.
- Grundsätzliches:
  - Absprache über Medikamente mit dem zuständigen Anästhesisten,
  - Medikamente und Material für eine Intubation sollten zur Sicherheit immer bereitliegen,
  - Notfallmedikamente sollten vorhanden sein (Mini-Jets).

- Mögliche Medikamente für Maskennarkosen:
  - Es wird kein Anspruch auf Vollständigkeit erhoben (die an unserer Klinik gebräuchlichsten Medikamente sind fett gedruckt).
    - **Trapanal/Atropin**
    - **Propofol** (Perfusor)/**Rapifen** (seltener Fentanyl)/Atropin/evtl. DHB,
    - Hypnomidate/Atropin (z. B. zur Kardioversion),
    - Brevimytal/Atropin (z. B. in der Psychiatrie zum EKT = Elektro-Konvulsions-Therapie/in Kombination mit Succinylcholin),
    - Ketanest/Dormicum/Atropin (z. B. bei hypovolämischen Patienten).
- **Achtung:** Succinylcholin (+ Norcuron) sowie Intubationsmaterial sollten für den Notfall bereitliegen!
- Außer bei der Anwendung von Propofol und Ketanest wird die Narkose nach der Einleitung mit einem volatilen Anästhetikum (z. B. Enfluran) weitergeführt. Lachgas wird fast immer zur Supplementierung benutzt (analgetischer Effekt)!

Laryngeale Maske

- Sonderform der Maskennarkose.
  - Um das Vorschieben der Maske in den Larynx zu erleichtern Glandosane-Spray als Gleitmittel verwenden/„Blockmanschette" überprüfen,
  - Nach Narkoseeinleitung → Plazierung der Maske um den Larynx des Patienten herum → Blocken der „Manschette" → Ösophagus wird dadurch „verschlossen" und der Patient kann über den tubusähnlichen Ansatz der Maske beatmet werden (**Cave:** kein sicherer Aspirationsschutz!),
  - Überwachung des Patienten wie bei „normaler" Maskennarkose; nicht wie während einer Intubationsnarkose,
  - Fixierung der Maske mittels Leukofix-Pflaster (Achtertour von links und von rechts, kein „Lolly", hornartiges Ableiten der Beatmungsschläuche beidseits unter dem Kopfkissen her zum Narkosebeatmungsgerät).
  - Wenn der Patient „tief schläft": „Cuffdruck-Messung"!
  - Medikamente mit dem Anästhesisten absprechen (üblicherweise: Propofol/Rapifen oder Fentanyl) → s. S. 29.

Inhalationsanästhesie (Intubationsnarkose)

- Medikamente:
  - **Trapanal/Atropin/Norcuron oder Pancuronium**/evtl. + Succinylcholin,
  - Hypnomidate/Atropin/Pancuronium/(evtl. + Dormicum).
- Nach Intubation:
  - Fortführung der Narkose mit volatilen Anästhetika (Isofluran, Enfluran oder Halothan) und Sauerstoff-Lachgas-Gemisch (z. B. 2 l O_2 + 4 l N_2O) oder Sauerstoff-Luft-Gemisch (z. B. 2 l O_2 und 4 l Raumluft).

Balancierte Anästhesie (Intubationsnarkose)

- Wird bisweilen auch „NLA" genannt.
- Medikamente:
  - **Trapanal** (oder Hypnomidate evtl. + Dormicum),
  - **Atropin**,
  - **Pancuronium** (oder Norcuron),
  - **DHB**,
  - **Fentanyl** (evtl. Rapifen).

Vorbereitung der Materialien, Infusionen und Medikamente

- Die Narkose wird nach der Einleitung meist mit einem Sauerstoff-Lachgas-Gemisch oder mit einem Sauerstoff-Luft-Gemisch plus volatiles Anästhetikum fortgeführt.
- Fentanyl (oder Rapifen) wird intraoperativ bei Bedarf nachinjiziert.

Modifizierte Neuroleptanästhesie (Intubationsnarkose)

- Anwendung z. B. in der THG-Anästhesie, weil die Herz-Kreislaufwirkungen dieses Anästhesieverfahrens relativ gering sind.
- Medikamente:
  - **Fentanyl** (oder Sufentanyl),
  - **Dormicum,**
  - **Pancuronium** (oder Norcuron),
  - **evtl. Hypnomidate** (zusätzlich zur Schlafinduktion),
  - wenn möglich, Supplementierung mit N_2O.
- Bei Anwendung dieser Anästhesietechnik kann eine postoperative Beatmung erforderlich sein; das sonstige Vorgehen entspricht weitgehend der balancierten Anästhesietechnik.

Periduralanästhesie (PDA, lumbale)

- Vorbereitungen:
  - EKG,
  - RR-Manschette,
  - Zubehör und Medikamente für evtl. Intubation bereitlegen,
  - Notfallmedikamente im Kühlschrank,
  - Anlegen einer Infusion/Volumenvorgabe/HÄS-Infusion in Reichweite halten,
  - Rasierer bereitlegen.
- Material:
  - Steriler Kittel,
  - sterile Handschuhe (2 Paar),
  - Jodierset + Desinfektionslösung,
  - PDA-Set + 5 ml Spritze,
  - Scandicain 1% zur Lokalanästhesie,
  - NaCl 0,9% (10 ml-Amp.),
  - Carbostesin 0,5% + Adrenalin 1 : 200000 (Testdosis),
  - Carbostesin 0,5% oder 0,25%, je nach Eingriff.
  - Porofix zur Fixierung des PDA-Katheters:
  - Schlaufe nach unten legen und PDA-Katheter mit Steg fixieren,
  - großen Tupferokklusivverband längs über Porofix-Fixierung.
  - PDA-Katheter am Rücken hoch mit weißem Pflaster bis zur Schulter fixieren → den Patienten vorher bitten, den Rücken noch einmal ganz „rund" zu machen (sonst bei späterer Bewegung Zug auf PDA-Katheter möglich!).
  - Molton-Unterlage (vor der Desinfektion des Rückens unter den Patienten legen, um Operationsauflage vor Feuchtigkeit zu schützen).

Spinalanästhesie (SPA)

- Vorbereitung:
  - EKG,
  - RR-Manschette,
  - Zubehör und Medikamente für evtl. Intubation bereitlegen,
  - Notfallmedikamente im Kühlschrank,
  - Anlegen einer Infusion/Volumenvorgabe/HÄS-Infusion in Reichweite halten,
  - Rasierer bereitlegen.
- Material:
  - Steriler Kittel,
  - sterile Handschuhe (2 Paar),
  - Jodierset + Desinfektionslösung,
  - Spinalkanüle (Größe je nach Absprache mit dem Anästhesisten (22 G, 25 G, 27 G, 28 G, 29 G),
  - evtl. Kanüle dazulegen (als Führung für Nadeln der Größen 27/28/29 G)
  - Scandicain 1% zur Lokalanästhesie,
  - NaCl 0,9% (10 ml-Amp.),
  - Carbostesin 0,5% hyperbar oder isobar (Anästhesisten fragen),
  - evtl. Keilkissen besorgen oder Operationstisch in Oberkörperhochlage bringen,
  - Tupferokklusivverband,
  - Molton-Unterlage (vor Desinfektion des Rückens unter den Pat. legen).
- Prinzipielles zur Wahl der Spinalkanüle:
  - Bei jüngeren Patienten: 29 G-Nadel bzw. 27 G-Nadel,
  - bei Patienten mittleren Alters: 25 G-Nadel,
  - bei älteren Patienten (schwierige Punktion): 22 G-Nadel.

Plexusanästhesie (axillärer Zugangsweg)

- Vorbereitung:
  - EKG,
  - RR-Manschette,
  - Zubehör für Intubation bereitlegen,
  - Notfallmedikamente im Kühlschrank,
  - Anlegen einer Infusion,
  - Achselhöhle rasieren.
- Material:
  - Nervstimulator,
  - sterile Handschuhe,
  - sterile Kompressen,
  - evtl. Lochtuch,
  - Plexusnadel,
  - 6 mal je 5 ml Carbostesin 0,25% und 5 ml Xylonest 1% zusammen mit 10 ml Spritzen aufziehen.
- Der Arm des auf dem Rücken liegenden Patienten wird um 90° abduziert und nach außen rotiert, der Unterarm nahe dem Kopf auf das Operationslagerungskissen gelagert.

Intravenöse Regionalanästhesie (i.v. Reg.)

- Vorbereitung:
  - EKG,
  - RR-Manschette,
  - Zubehör für Intubation bereitlegen,
  - Notfallmedikamente im Kühlschrank,
  - Anlegen einer Infusion.
- Material:
  - Insyte 24 G,
  - Durchstechstopfen,
  - 12-er Kanüle,
  - Pflaster zur Fixierung der Insyte-Kanüle,
  - 60 ml Xylonest 0,5%,
  - Doppelblock-Manschette um die zu operierende Extremität,
  - intravenöse Verweilkanüle möglichst nah am Operationsgebiet plazieren und abstöpseln.

Lokalanästhesie bei Punktion von Vene/Arterie (Hautquaddel)

- Vor dem Anlegen von peripher-venösen Verweilkanülen oder ZVK am wachen Patienten
  - Z.B. Xylocain 2%
  - zuvor im Narkoseprotokoll immer nach Allergien schauen oder den Patienten fragen!

Übernahme des Patienten

➤ Folgendes sollte beachtet werden:
- Persönliche Vorstellung,
- Überprüfung der Identität des Patienten,
- Operationssaal und Operationstisch überprüfen;
- geplanter Eingriff und Einwilligung,
- sonstige Unterlagen vorhanden (z.B.: EKG, Röntgen-Thorax),
- letzte Nahrungsaufnahme (Patienten fragen),
- Prämedikation und ihre Wirkung,
- Laborwerte,
- Blutanforderungsschein/Eigenblutspende?!,
- evtl. Zahnprothese entnehmen,
- Anti-Thrombose-Strümpfe,
- Nagellack, Schminke und Schmuck entfernen, falls vorhanden,
- nach Allergien fragen bzw. nachlesen,
- Operationsgebiet auf Sauberkeit und Rasur überprüfen,
- den prämedizierten Patienten nicht mehr allein lassen,
- alle Tätigkeiten vorher ankündigen und erklären,
- für Ruhe und Sicherheit sorgen,
- Patient soll bequem liegen/Achtung: Frakturen oder andere Probleme,
- Mimik und Gestik beachten,
- bei Lokal- oder Regionalanästhesie an Gesichtsmaske für den Patienten denken,
- evtl. warme Tücher bereithalten, falls der Patient friert (oder Wärmelampe),
- falls nötig, Atmung unterstützen durch entsprechende Lagerung; evtl. Sauerstoffgabe,
- sich mit dem Patienten beschäftigen und kommunizieren,
- Ängste und Sorgen versuchen zu erkennen,
- Intimsphäre beachten,
- Anlegen des EKG-Monitorings unter Berücksichtigung des Operationsgebietes (z.B. bei Thorax-Operationen Elektroden auf den Rücken kleben),
- Blutdruckmessung nach Riva-Rocci mit Hilfe des Manometers am Narkosegerät.

Venenpunktion

➤ Möglichst Handrücken- oder Unterarmvenen punktieren.

➤ Ellenbeuge meiden (Gefahr der Punktion aberrierender Arterien, z.B. einer A. ulnaris superficialis).

➤ Zubehör sollte komplett griffbereit sein:
- Kanüle entsprechend der Größe des Gefäßes bzw. je nach Operation wählen,
- evtl. Lokalanästhesie für Hautquaddel,
- Desinfektionsmittel,
- Tupfer,
- Pflaster,
- Stauschlauch oder mit RR-Manschette stauen,
- Infusionslösung mit Besteck und Drei-Wege-Hahn,
- Einmalhandschuhe.

➤ Kontraindikationen beachten (z.B. Shuntarm, Armlagerung).

- ➤ Technik der Venenpunktion:
  - RR-Manschette entsprechend aufpumpen oder Staubinde anlegen (Pulswelle muß gut tastbar sein),
  - Haut desinfizieren,
  - bei großlumigen Kanülen auf jeden Fall vorher Hautquaddel setzen,
  - Vene durch Zug der Haut mit dem Daumen der nicht punktierenden Hand fixieren, dann die Haut neben der Vene punktieren, schließlich schräg seitlich die Vene selbst (oder direkte Punktion),
  - sobald Blut in die Kanüle einfließt, Kunststoffkanüle weiter vorschieben und Stahlkanüle zurückziehen,
  - Staubinde öffnen,
  - Kanüle mit Pflaster fixieren,
  - Stahlkanüle entfernen und Infusion anschließen,
  - weiteres braunes Pflaster über Konnektionsstelle zwischen Kanüle und Drei-Wege-Hahn kleben.

Maskennarkose

- Intravenöse Einleitung möglich.
- Einleitung per inhalationem möglich (s. S. 89).
- Einleitung im Operationssaal (selten im Einleitungsraum):
  - für Ruhe sorgen,
  - Kopf des Patienten in Schnüffelposition auf dem Intubationskissen lagern und für einige Minuten 100% O_2 über die Maske zuführen,
  - vorbereitete Injektionslösung (z.B. Trapanal 3–5 mg/kg KG) wird injiziert.
  - Nachdem der Patient eingeschlafen ist, Esmarch-Handgriff anwenden und dadurch die oberen Atemwege freimachen → bei ungenügender Spontanatmung den Patienten mit Hilfe der Maske beatmen:
    - Kopf leicht überstrecken,
    - Unterkiefer mit beiden Händen nach vorne und oben ziehen
    - die linke Hand faßt die Maske im sog. C-Griff, d.h. kleiner Finger der linken Hand liegt hinter dem Kieferwinkel, Ring- und Zeigefinger liegen am Unterkieferrand,
    - Zeigefinger und Daumen bilden ein „C" und drücken den Maskenkörper fest auf Mund und Nase.
- **Tip:**
  - Kommt es während der Beatmung zu Schwierigkeiten beim Halten der Maske, ist es meist besser, dem Patienten die Maske neu aufzusetzen, als ihren Sitz mehrfach zu korrigieren!
  - Inspirationsdruck max. 15 cm H_2O (Verschlußdruck des unteren ösophagealen Sphinkters) → bei höheren Beatmungsdrücken besteht die Gefahr der Luftinsufflation in den Magen → Aspirationsgefahr!
  - Inhalationsanästhetikum mit Lachgas und Sauerstoff zuführen (O_2 – mindestens 30%/N_2O maximal 70%, z.B.: 2 l O_2, 4 l N_2O),
  - Operationsbeginn erst bei ausreichend tiefer Narkose,
  - wenn nötig, Atmung vorübergehend assistieren, danach den Patienten spontan atmen lassen,
  - häufig werden Maskennarkosen mit Propofol/Rapifen und einem O_2/N_2O-Gemisch geführt.
- Narkoseführung:
  - Bei Spontanatmung den Patienten evtl. durch assistierte Beatmung unterstützen,
  - Konzentration des volatilen Anästhetikums dem Operationsverlauf anpassen.
- Ausleitung:
  - Volatiles Anästhetikum rechtzeitig abstellen.
  - nach Herausnehmen des N_2O soll der Patient mindestens drei Minuten 100% O_2 atmen, um eine Diffusionshypoxie zu vermeiden,
  - Übergabe des Patienten an den Aufwachraum, wenn der Patient unter Raumluft suffizient spontan atmet, die Schutzreflexe vorhanden sind und der Patient ansprechbar ist.

Inhalationsanästhesie (Intubationsnarkose)

- Einleitung:
  - Kopf des Patienten in Schnüffelposition auf dem Intubationskissen lagern und für einige Minuten 100% O_2 über die Maske zuführen (6 l am Rotameter einstellen),
  - 1 mg Norcuron oder Pancuronium wird injiziert (Präcurarisierung),
  - anschließend wird die vorbereitete Injektionslösung, gewöhnlich Trapanal, gegeben (ca. 3 – 5 mg kg KG bzw. bis der Lidreflex erloschen ist),
  - nach dem Einschlafen Esmarch-Handgriff anwenden und dadurch die oberen Atemwege freimachen; sobald der Patient sich sicher mit der Maske beatmen läßt: Relaxation entweder mit Succinylcholin (Anschlagszeit unter einer Minute) oder mit Norcuron oder Pancuronium (Anschlagszeit ca. 3 Min).
  - Zur Vollrelaxierung:
    - Norcuron: ca. 0,1 mg / kg KG,
    - Pancuronium: ca. 0,1 mg / kg KG,
    - Succinylcholin: 1,0 – 2,0 mg / kg KG.
  - Inhalationsanästhetikum zuführen,
  - endotracheale Intubation nach Anschlagszeit des Relaxans,
  - Blocken des Cuffs nach Gehör (soviel Luft in den Cuff geben bis keine Nebengeräusche mehr am Mund hörbar sind),
  - Tubuslage durch Auskultation unter Beatmung mit 100% O_2 überprüfen,
  - Fixierung des Tubus,
  - anschließend erneute Auskultation (Lagekontrolle),
  - danach Narkose mit Inhalationsanästhetikum, Lachgas und Sauerstoff durchführen (O_2 min. 30% / N_2O max. 70%).
- **Achtung!**
  - 3 Min. vor dem Transport des Patienten von der Einleitung in den Operationssaal N_2O abstellen und den Patienten mit 100% O_2 beatmen (sonst Gefahr der Diffusionshypoxie).
- Im Saal:
  - 1. Beatmung und Beatmungsüberwachungsgeräte anschließen (erneute Auskultation der Lunge / Konnektionsstellen sichern),
  - 2. Monitoring (Pulsoximetrie, EKG, RR etc.),
  - 3. Infusionen.
  - Cuffdruckmessung.
  - Mit dem Anästhesisten absprechen, wer was anschließt!
  - In der Regel kümmert sich der Anästhesist um die Beatmung.
- Narkoseführung:
  - Inhalationsnarkotika dem Bedarf des Patienten anpassen,
  - N_2O / O_2 s. o. (evtl. kein N_2O sondern Luft / O_2 -Gemisch),
  - evtl. wiederholte Gabe von Relaxans.
- Kontrolle der Narkosetiefe möglich durch:
  - HF / RR,
  - Abwehrbewegungen,
  - Anstieg der Beatmungsdrücke.
- Narkoseausleitung:
  - Inhalationsanästhetikum rechtzeitig reduzieren,
  - evtl. Antagonisierung der Restwirkung von nichtdepolarisierenden Relaxantien,

- Patient kann (je nach Operation) bereits unter reduzierter Konzentration des Inhalationsanästhetikums spontan atmen,
- nach Abstellen des volatilen Anästhetikums und des N_2O dem Pat. mindestens drei Minuten 100% O_2 zuführen zur Vermeidung einer Diffusionshypoxie,
- vorsichtiges orales Absaugen (Handschuhe!),
- wenn der Patient suffizient atmet: Extubation, gewöhnlich unter endotrachealem Absaugen,
- Absaugkatheter einführen,
- Entblocken des Tubus,
- entblockten Tubus unter kontinuierlicher Absaugung entfernen,
- bei Kindern diese Methode nicht anwenden → Gefahr der Tracheareizung, Atelektasenbildung.

➤ Nach Extubation:
- Luftwege freihalten mit Esmarchschem Handgriff,
- bei Bedarf nochmaliges Absaugen im Rachenraum,
- ggf. Inhalation von O_2,
- ggf. Wendl-Tubus erforderlich,
- Übergabe an den AWR bei stabilem Kreislauf, suffizienter Spontanatmung und vorhandenen Schutzreflexen.

Balancierte Anästhesie (Intubationsnarkose)

➤ Vorgehen s. ITN.

➤ Anwendung der balancierten Anästhesietechnik bei längeren und/oder besonders schmerzhaften Operationen → Patient ist so kreislaufmäßig besser zu führen als bei hochdosierter Gabe von volatilen Anästhetika.

➤ Besonderheiten:
- Ggf. vor der Intubation Gabe von Fentanyl (oder Rapifen) → Einsparung von volatilen Anästhetika möglich,
- nach Intubation Weiterführung der Narkose mit Inhalationsanästhetikum und N_2O/O_2-Gemisch oder Luft/O_2-Gemisch.
- Fentanyl-, sowie Relaxans-Nachinjektion intraoperativ je nach Bedarf → Injektion von Fentanyl ermöglicht geringere Dosierung volatiler Anästhetika.
- Gabe von DHB intraoperativ → zur vegetativen Dämpfung und um postoperativ Übelkeit zu verhindern.

➤ **Beachte!**
- Soll der Patient sofort nach der Operation spontan atmen, so darf mindestens 20 bis 30 Minuten vor Operationsende kein Fentanyl mehr gegeben werden.
  - Antagonisierung mit Naloxon möglich,
  - Ausleitung und Extubation s. ITN.

➤ Wegen der Gefahr der postoperativen Atemdepression durch Opiate (Reboundphänomen) muß eine möglichst 3–4stündige Überwachung im Aufwachraum sichergestellt sein.

Periduralanästhesie (PDA) (lumbale)

➤ Allgemeine Vorbereitungen s. S. 39.

➤ Lagerung des Patienten:
- Sitzende Position oder Seitenlage.
  - Sitzende Position meist leichter zur Punktion.

- Patient muß mit seinem Gesäß an die Hinterkante des Operationstisches rükken und einen „Katzenbuckel" machen,
- Molton-Unterlage unter das Gesäß des Patienten legen,
- evtl. Rasur des Punktionsgebietes,
- Pflegekraft steht vor dem Patienten und stützt ihn.

➤ Durchführung der Punktion:
- Markierung der Einstichstelle (Zwischenwirbelraum: z. B.: L2/L3, L3/L4 oder L4/L5),
- der mit Maske, Kopfbedeckung, sterilem Kittel und zwei Paar sterilen Handschuhen bekleidete Anästhesist desinfiziert die Haut,
- nach 2–3-maligem Desinfizieren und Antrocknen des Desinfektionsmittels wird der Überschuß weggewischt und die Punktionsstelle mit einem sterilen Lochtuch abgedeckt (ist im Jodierset enthalten),
- Handschuhwechsel des Anästhesisten,
- alle Lokalanästhetika und NaCl 0,9% sind bereits aufgezogen (dies sollte geschehen, wenn der Anästhesist bereits steril angezogen ist, der Patient aber noch nicht endgültig gelagert ist, um dem Patienten unnötig langes Verweilen in unbequemer Lage zu ersparen),
- Hautquaddel an der Einstichstelle wird gesetzt,
- anschließend können 1–2 ml Lokalanästhetikum (z. B. Scandicain 1%) subkutan und in den Bereich der Ligamente plaziert werden,
- Auffinden des PD-Raumes mit der Tuohy-Nadel (18 G) (Widerstandsverlusttechnik oder Technik des hängenden Tropfens),
- nach Erreichen des PD-Raumes muß die Tuohy-Nadel noch etwa 1–2 mm vorgeschoben werden, damit die Öffnung an der Spitze vollständig im PD-Raum liegt,
- Verifizierung der extrathekalen und extravasalen Lage der Nadel durch Aspiration.

➤ Plazieren des Periduralkatheters:
- Einführen des Katheters ca. 3 cm kranial in den PD-Raum und Zurückziehen der Nadel.
  - Katheter darf niemals durch die Kanüle zurückgezogen werden, weil er sonst abgeschnitten werden kann!
- Katheter 1 Min. herunterhängen lassen! (zum Ausschluß einer intravasalen Lage: denn auch wenn sich kein Blut aspirieren ließ, kann es sein, daß ein Gefäß punktiert wurde),
- Injektion der Testdosis (ca. 3 ml Carbostesin 0,5% + Adrenalin → Ausschluß einer intravasalen Katheterlage → Herzfrequenzanstieg!).

➤ Fixierung des Katheters (s. S. 36).

➤ Patient darf sich nun wieder bequem hinlegen, jedoch vorzugsweise auf die Seite, die operiert wird; so kann die Vollwirkdosis (z. B. Carbostesin 0,5%) möglicherweise gezielter wirken.

➤ Allgemeine Empfehlungen:
- Während der Einleitung den Patienten immer wieder ansprechen und ihm alle Schritte im Vorfeld gut erklären,
- Monitoring (EKG/RR),
- Patienten darüber aufklären, daß ruckartige Bewegungen während des Punktionsvorganges vermieden werden sollten,
- weitere Punkte zur Beachtung s. S. 60 f.

Spinalanästhesie (SPA)

- Allgemeine Vorbereitungen s. S. 39.
- Lagerung s. S. 43 f.
- Vorgehensweise:
  - Spinalnadel wird durch eine Führungskanüle in den Subarachnoidalraum vorgeschoben bis (nach Entfernen des Mandrins) Liquor frei abtropft oder mit der Spritze mühelos abgezogen werden kann,
  - Lokalanästhetikum (z. B. 3 ml Carbostesin 0,5% hyperbar) kann injiziert werden,
  - nach Entfernen der Nadel: Tupferokklusivverband,
  - **sofort anschließend:** erforderliche Lagerung des Patienten (z. B. Keilkissen).
- **Achtung, Frühkomplikationen!**
  - **Extremer Blutdruckabfall** (durch Sympathikusblockade).
    - Therapie: Beine hochlagern, i. v.-Injektion von Effortil oder Akrinor, Volumenzufuhr.
  - **Bradykardie** (v. a. bei hoher Spinalanästhesie → Blockade der Nn. accelerantes).
    - Therapie: i. v.-Injektion von Atropin.
  - **Übelkeit und Erbrechen** (v. a. bei Blutdruckabfall).
    - Therapie: falls nach Anheben des Blutdrucks keine Besserung, evtl. i. v.-Injektion von Dehydrobenzperidol.
  - **Totale Spinalanästhesie** → lebensbedrohliche Komplikation! → vollständige Sympathikusblockade und Lähmung des Zwerchfells (Symptome: schwerer Blutdruckabfall, Unruhe, Angst, Atemnot, Atemstillstand, Pupillenerweiterung, Bewußtseinsverlust).
    - Therapie: Beatmung mit 100% O_2, Intubation, Beine hochlagern, rasche Volumenzufuhr, i.v.-Injektion von Effortil oder Akrinor, evtl. Suprarenin erforderlich.
- Sonstige Komplikationen:
  - Abfall der Körpertemperatur (v.a. in kühler Umgebung → durch die Vasodilatation → Operationssaal anwärmen, Wärmeauflagen!),
  - Harnverhalt (evtl. i.m.-Injektion von Doryl),
  - Rückenschmerzen, Kopfschmerzen, neurologische Komplikationen → engmaschige Überwachung erforderlich.

Plexusanästhesie (axillärer Zugangsweg)

- Vorbereitung und Lagerung s. S. 37.
- Vorgehensweise:
  - Dem Anästhesisten (mit Haube, Maske und sterilen Handschuhen) Lochtuch anreichen,
  - die Arteria axillaris wird so hoch wie möglich in der Achselhöhle getastet und dann gegen den Humerus fixiert,
  - danach wird die Gefäß-Nervenscheide oberhalb der pulsierenden Arterie punktiert,
  - die richtige Lage der Kanüle wird mit Hilfe eines Nervenstimulators über Auslösen von Parästhesien festgestellt,
  - liegt die Kanüle richtig, so wird **nach Aspiration** das Lokalanästhetikum injiziert.

- Spezielle Gesichtspunkte bei der Überwachung von Patienten mit Lokal- bzw. Regionalanästhesie s. S. 60.
- Verlegung von Patienten nach Regionalanästhesie s. S. 77.

Intravenöse Regionalanästhesie (i.v.-Reg.)

- Vorbereitung s. S. 38.
- Vorgehensweise:
  - 24 G-Verweilkanüle in Handrückenvene einführen und fixieren,
  - Durchstechstopfen auf die Kanüle aufschrauben,
  - mit dem Patienten in den Operationssaal fahren,
  - Anlegen einer Doppelblockmanschette am Oberarm,
  - Sicherung der Manschette durch zirkulären Pflasterstreifen,
  - Überprüfen des Systems auf Dichtigkeit,
  - Auswickeln des Armes,
  - Aufpumpen der proximalen Druckmanschette auf max. 300 mbar,
  - Abwickeln der Esmarch-Binde,
  - Injektion von 10 ml NaCl 0,9% zum Überprüfen der intravasalen Kanülenlage,
  - Injektion des Lokalanästhetikums nur bei blassem pulslosem Arm ohne Venenzeichnung,
  - Entfernen der Verweilkanüle,
  - nach 5 – 10 Min. Aufpumpen der distalen Manschette,
  - anschließend Ablassen der proximalen Manschette.

- Erst nach Narkoseeinleitung, die immer in Rückenlage erfolgt.
- Während der Operation öfter überprüfen und ggf. korrigieren.

Rückenlage

- Bei Anlagerung des Armes an den Körper des Patienten darauf achten, daß nicht der Ellenbogen auf der Operationstischkante liegt (N. ulnaris Läsion).
- Bei Auslagerung der Arme diese nicht über 90° hinaus strecken wegen der Gefahr der Plexus brachialis Schädigung.
- Unterarm so lagern, daß die Hand in Supinationsstellung liegt; damit ist der N. ulnaris am besten geschützt.
- Bei sehr langen Operationen oder kachektischen Patienten Gelkissen oder Sof-Care-Auflagen einsetzen.
- Kopf des Patienten möglichst auf Lagerungskissen („Head-Care") legen, v.a. bei längeren Operationen → Kopfringe führen zu Druckschäden und z. T. zu Haarausfall an den Auflagestellen.

Bauchlage (v.a. bei Operationen im Bereich der Wirbelsäule)

- Zwerchfellbeweglichkeit wird eingeschränkt, dadurch besteht Hypoxämiegefahr! → Intubation und kontrollierte Beatmung sind erforderlich.
- Druck im Abdomen wird erhöht → venöser Rückstrom und HZV können abfallen.

Umlagerung des Patienten von Rückenlage in Bauchlage

- Katheter, Sonden, Tubus und sonstige Leitungssysteme besonders sichern.
- RR-Abfall möglich (weil durch die Anästhetika die normalen Orthostasereaktionen beeinträchtigt sind).
- Schädigung der Gelenke möglich.
- Mindestens 2 zusätzliche Mitarbeiter erforderlich.
- Infusionsleitungen abstöpseln.
- Kabel und Zuleitungen kurzfristig entfernen.
- Den auf dem Rücken liegenden Patienten an den Rand des Operationstisches ziehen und anschließend auf die Seite drehen → Patient liegt jetzt auf seinem unteren Arm, der obere Arm wird an den Körper angelagert.
- Danach Patienten in Bauchrichtung drehen, unteren Arm vorsichtig herausziehen und seitlich auf den Tisch lagern, ohne das Schultergelenk zu zerren.
- Jetzt Lagerungskissen unter Hüften und Thorax, damit Abdomen frei.
- HWS nicht überstrecken → Kopf stabil lagern.
- Lagerungskissen unter Unterschenkel.
- Arme nach vorne führen oder an den Körper anlegen.

Gefahr möglicher Druckschäden

- Auge (→ kein Druck auf den Bulbus!).
- Plexus brachialis (v.a. N. ulnaris).
- Nerven u. Sehnen des Fußrückens können durch Druck gegen den Operationstisch geschädigt werden.
- N. cutaneus femoris lateralis am Oberschenkel.

Abb. 8/9 – 2 Beispiele für richtige Bauchlage

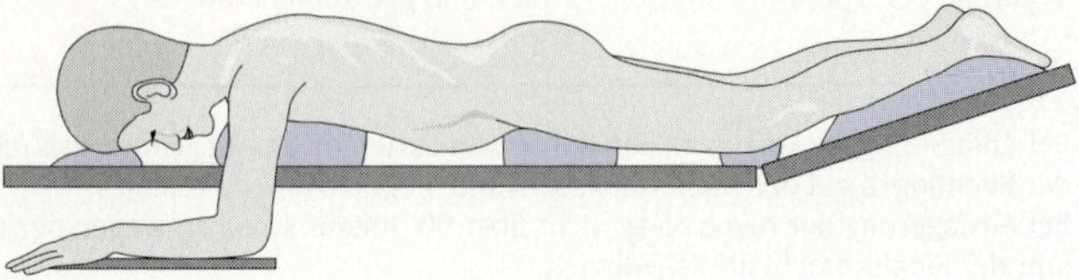

Abb. 8

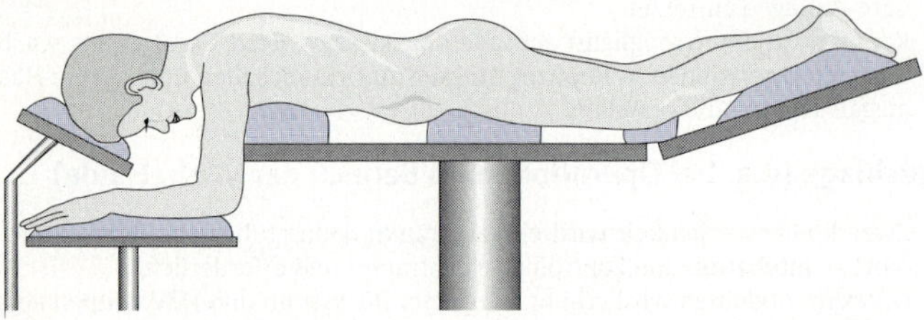

Abb. 9

Seitenlage (v.a. bei thoraxchirurgischen, urologischen u. orthopädischen Eingriffen)

- ➤ Langes flaches Lagerungskissen zwischen die Beine legen → mindert den Druck auf die untenliegende Extremität.
- ➤ Fibulaköpfchen des unten liegenden Beines mit Rolta-Watte abpolstern.
- ➤ Kopf unterstützen → „Head-Care"-Kissen benutzen oder Kopfring und Bauchtücher; Ohr muß frei und weich gelagert werden; kein Druck auf das unten liegende Auge!
- ➤ Kissen zwischen den Ellenbogen sollen hier ebenfalls den Druck mindern.
- ➤ Eine andere Möglichkeit stellt das Aufhängen des oberen Armes am Narkosebügel dar (nicht überstrecken → Gefahr der Plexus-brachialis-Schädigung.
- ➤ Rechteckiges Lagerungskissen unter die obere Thoraxhälfte, damit der Körper des Patienten nicht auf die unten liegende Achsel drückt → Schutz des Plexus brachialis.

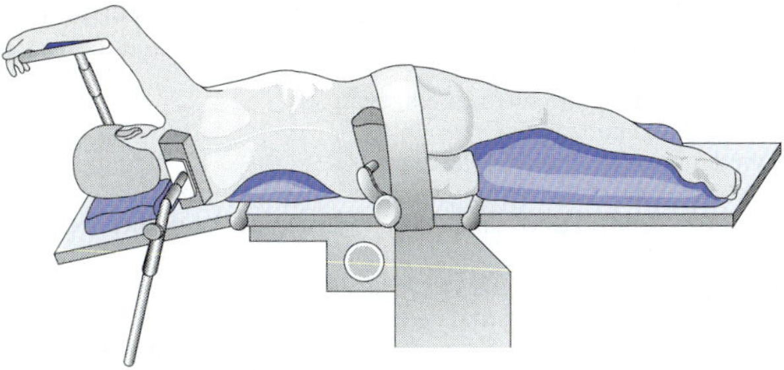

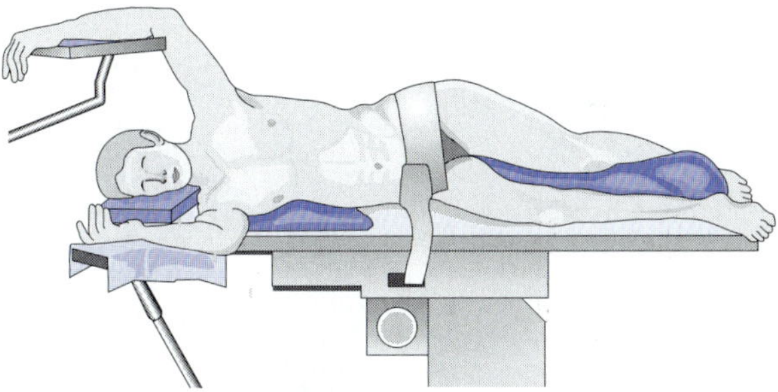

Abb. 10/11 Seitenlage für einen thoraxchirurgischen Eingriff. (nach Larsen)

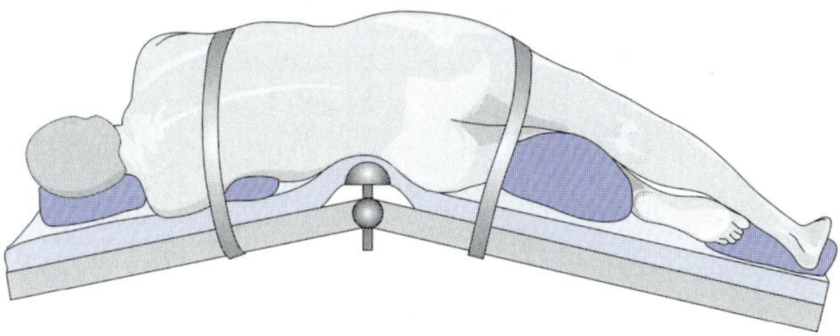

Abb. 12 Seitenlage für einen urologischen Eingriff (z. B. Nephrektomie). (nach Larsen)

Steinschnittlagerung (in der Urologie, Allgemeinchirurgie oder in der Gynäkologie)

- Beweglichkeit des Zwerchfells ist eingeschränkt.
- Vitalkapazität nimmt ab.
- Gefahr der respiratorischen Infuffizienz.
- Vermehrter venöser Rückstrom (Vorsicht bei Herzinsuffizienz).
- Kritisch ist eventuell auch die Rückverlagerung der Beine (v.a. bei Hypovolämie).
- Fibulaköpfchen muß geschützt werden.
- Lagerung der Arme s. Rückenlage.
- Spezielle Lagerungsformen werden im Zusammenhang mit dem jeweiligen Fachgebiet besprochen.

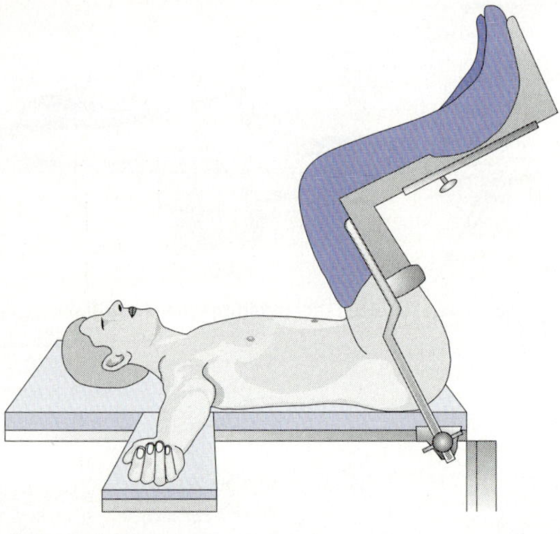

Abb. 13 Steinschnittlagerung.
(nach Larsen)

Herzfrequenz, Herzrhythmus und Blutdruck (Technische Methoden und Grundlagen s. S. 101, 108 ff / Checkliste Intensivpflege)

- Werden durch die einzelnen Anästhetika in unterschiedlicher Weise beeinflußt (es werden hier nur Stichworte erwähnt s. u.).
- Tachykardie:
  - Volumenmangel,
  - mangelnde Narkosetiefe.
- Bradykardie:
  - Als erstes Hypoxie ausschließen.
- Blutdruck:
  - RR-Anstieg während der Inhalationsanästhesie oder balancierter Anästhesie ist zumeist ein Zeichen ungenügender Narkosetiefe.

Atmung / Beatmung

- Störungen der Atmung gehören zu den häufigsten Ursachen von Narkosezwischenfällen!
- Hypoxämie und / oder Hyperkapnie.
  - Ursachen:
    - Hypoventilation bei Spontanatmung durch Anästhetika, Muskelrelaxantien und Sedativa,
    - Verlegung der Atemwege,
    - Störungen des Ventilations-Perfusionsverhältnisses,
    - Funktionsstörungen des Narkosegerätes,
    - falsche Einstellung des Narkosegerätes,
    - falscher Zusammenbau des Narkosegerätes,
    - Diskonnektion des Atemsystems,
    - Intubation des Ösophagus.

Methoden zur Überwachung der Atmung während der Narkose

- Inspektion:
  - Farbe von Haut, Lippen, Nagelbett, Skleren, Schleimhäuten, Blut.
  - Bewegung von Thorax, Abdomen, Atembeutel, Volumeteranzeige am Narkosegerät, Atemfrequenz und Rhythmus.
- Auskultation:
  - Lunge belüftet? seitengleich?
  - Bronchospasmus?
  - Rasselgeräusche?

- Spirometer, elektronische Flowmeter, Volumeter:
  - Atemzugvolumen, Minutenvolumen.
- Manometer:
  - Beatmungsdruck.
- Oxidig:
  - Messung der inspiratorischen O_2-Konzentration,
  - Alarmgrenzen einstellen!
- CO_2-Messgerät (z. B. Capnolog):
  - s. S. 58 f,
  - Messung der endexspiratorischen CO_2-Konzentration ($EECO_2$).
  - Alarmgrenzen einstellen!
- Pulsoximeter:
  - s. S. 57 f,
  - Alarmgrenzen einstellen!
- Blutgasanalyse (BGA):
  - s. S. 130/Checkliste Intensivpflege.

Normalwerte für Beatmung in Narkose (Erw.)

- AF: 10–12/min.
- Atemzugvolumen: 7 ml/kg KG (ca. 500 ml).
- Atemminutenvolumen: ca. 6000 ml (12 mal 500).

Apnoemonitor (= Diskonnektionsalarm)

- Gibt Alarm, wenn der Druck in den Atemwegen oder im Narkosesystem einen bestimmten vorher eingestellten Wert unterschreitet.
- Alarmgrenze ca. 5 mbar unter gemessenem Spitzendruck einstellen.

Atemfrequenz

- Thoraxexkursionen überwachen.
- Überwachung durch Auskultation.
- Impedanzmessung über EKG-Elektroden.
- Auszählen der Spirometer- oder Manometer-Ausschläge.

Atemzugvolumen

- Wird in der Exspirationsphase mit Spirometern oder Volumetern gemessen.

Atemminutenvolumen

- Entweder berechnen oder am Volumeter ablesen.

Beatmungsdruck

- Wird mechanisch oder elektronisch gemessen.
- Oberer und unterer Grenzwert muß eingestellt werden.
- Alarmobergrenze ca. 10 mbar über dem Spitzendruck.

Hohe Beatmungsdrücke

- Ursachen:
  - Niedrige Dehnbarkeit von Lunge und Thorax (z. B. bei chronisch obstruktiven Lungenerkrankungen),
  - Änderungen des Muskeltonus, z. B. durch Nachlassen der Relaxierung.
  - Obstruktion der Atemwege:
    - Tubus einseitig? → Auskultation,
    - Tubus abgeknickt? → Inspektion,
    - Tubus verlegt (Schleim)? → endotracheales Absaugen.
  - Interstitielles Lungenödem.
  - Pneumothorax.

Analyse der Atemgase

- Die Konzentrationen der ein- und ausgeatmeten Gase können mit speziellen Analysatoren gemessen werden (z. B. Capnomac oder Nellcor).

Hautfarbe

- s. S. 100/Checkliste Intensivpflege.

Temperaturmessung

- Möglichkeiten der Messung:
  - Rektal/ösophageal mittels Sonden, weil kontinuierliche Messung erforderlich,
  - zentral über den Pulmonaliskatheter,
  - über einen Blasenkatheter mit zusätzlichem Temperatursensor → v. a. anzuwenden bei ausgedehnten Operationen (z. B. in der Orthopädie oder THG) bzw. wenn bekannt ist, daß sich der Operation eine Intensivtherapie anschließt,
  - über ein Ösophagusstethoskop.
- Indikationen zur Messung:
  - Narkosedauer über 2 Stunden, da Autoregulation der Körpertemperatur gestört ist,
  - Operationen mit großen Blutverlusten (Massivtransfusion von ungenügend angewärmten Blutkonserven)
  - bewußtlose Notfallpatienten (Polytrauma),
  - Reanimation,
  - Kinderanästhesie (Verhältnis Körperoberfläche/Körpergewicht begünstigt Wärmeabstrahlung/andererseits neigen Kinder auch zu hyperthermen Reaktionen z. B. nach Atropingabe),
  - Verdacht auf Maligne Hyperthermie.

Ursachen für Temperaturabweichungen

- Hypothermie.
  - Ursachen:
    - Operationsgebiet sehr ausgedehnt (z. B. Bauch eröffnet),
    - lange Operationen,
    - kalter Operationssaal,
    - kalte Infusionen oder Transfusionen,
    - Erkrankungen (z. B. Hypothyreose, Hypophyseninsuffizienz, M. Addison),
    - Medikamentenintoxikation (z. B. Barbituratvergiftung),
    - Alkoholintoxikation.
  - Therapie:
    - Wärmematte,
    - Blutwärmer,
    - Wärmelampe,
    - Wärmedecke,
    - Wärmegeräte (z. B. Bair-Hugger oder Warm-Touch),
    - Infusionen anwärmen,
    - Operationssaal anwärmen.
- Hyperthermie.
  - Ursachen:
    - Wärmestau,
    - Infektion,
    - Temperatur-Dysregulation (zentral),
    - Hyperthyreose,
    - Temperatur-Anstieg nach Anästhetikagabe (z. B. bei Patienten mit Osteogenesis imperfecta, Arthrogryposis multiplex),
    - Maligne Hyperthermie.
  - Therapie:
    - Oberflächenkühlung,
    - Antipyretika,
    - evtl. Volumengabe.
- **Achtung!** Schwitzen kann ein Zeichen einer zu flachen Narkose sein!

Pupillen

- Bei reinen Inhalationsanästhesien mit Halothan, Enfluran oder Isofluran gilt das Guedel-Schema. Im Toleranzstadium sind die Pupillen mittelweit.
- **Achtung!** Erweiterte Pupillen können auf eine zu flache oder auch zu tiefe (Asphyxiestadium) Inhalationsnarkose bzw. Exzitation (in der Ein- oder Ausleitungsphase) hinweisen.
- Da Opioide die Pupillen verengen, ist nach ihrer Gabe die Einschätzung der Narkosetiefe mit Hilfe der Pupillenweite nicht mehr möglich.

Augenbewegungen

- In der Einleitungsphase von Inhalationsanästhesien.
- Im Stadium der chirurgischen Toleranz sind die Augen meist in Mittelstellung fixiert.

Lidschluß und Blinzelreflex

- Bei ausreichender Narkosetiefe aufgehoben.

Tränenfluß und/oder Blinzeln

- Bei balancierter Anästhesie oder TIVA ein Zeichen ungenügender Narkosetiefe.

Urinausscheidung

- Zur Beurteilung der Nieren-, Herz- und Kreislauffunktion → bei allen größeren und/oder längerdauernden Eingriffen Blasenkatheter legen.
- Normale Urinausscheidung: 1 ml/kg KG/h.
- Ursachen von Oligurie oder Anurie während der Narkose:
  - Blasenkatheter verstopft,
  - RR zu niedrig,
  - Volumenmangel,
  - Wirkungen von Anästhetika.
  - Abdrücken der unteren Hohlvene durch chirurgische Manipulation → Ursache klären!
- Therapie:
  - Evtl. Volumengabe,
  - evtl. Dopamingabe,
  - evtl. Gabe von Diuretika.

Blutverluste

- Messung der Menge im Auffanggefäß des Absaugers.
- Vieles bleibt dem Anästhesisten verborgen (Tupfer, Tücher, herunterlaufendes Blut) → schätzen oder wiegen; Beurteilung mit Hilfe der Kreislaufparameter und Hb- bzw. HK-Bestimmung.
- Flüssigkeitsverlust (als Perspiratio insensiblis) über das Operationsgebiet (Erfahrungswerte):
  - Operation an Extremitäten: 2–4 ml/kg KG/h,
  - Operation am Oberbauch: 6–8 ml/kg KG/h,
  - Whippleoperation: 10–15 ml/kg KG/h.
- Trockene Narkosegase erhöhen den Flüssigkeitsbedarf!

Einschätzung des Flüssigkeitsbedarfs

- Kriterien:
  - Anamnese (z.B. Diarrhoe, Fieber),
  - Hautturgor,
  - Mundschleimhaut und Zunge (trocken oder feucht),
  - Venenfüllung,
  - Urinfarbe- und menge,
  - Tilt-Test,
  - ZVD,
  - RR/HF,
  - der beste Meßwert für das intravasale Volumen ist der POP.

Myotest (Gerät zur Bestimmung des Relaxationsgrades des Patienten/Relaxometrie)

- Das Ausmaß der Relaxation wird bestimmt durch das Auslösen von peripheren Muskelzuckungen über den Nervstimulator.
- Die Stimulationselektroden werden i.d. Regel über dem N. ulnaris im Bereich des Handgelenks angebracht.
- Möglichkeiten der Stimulation:
  - Einzelreize (z.B. 1 Reiz/Sek.),
  - tetanische Stimulation (z.B. 50 Reize/Sek. für 5 Sek.),
  - Viererreizserie („train of four“, T4, 4 Reize im Abstand von 0,5 Sek.).
- Für die intraoperative Überwachung ist besonders der „train of four“ geeignet. Neben dem Relaxationsgrad kann zwischen verschiedenen muskulären Blockadeformen unterschieden werden.
  - T4 beim nicht relaxierten Patienten: alle 4 Ausschläge gleich hoch,
  - T4 beim Depolarisationsblock (z.B. nach Succinylcholin): gleichbleibend niedrige Reizantwort,
  - T4 beim kompetitiven Block (z.B. Alloferin, Norcuron, Pancuronium): abnehmende Reizantwort.
  - **Achtung!** Diese Art der Reizantwort kann auch bei hohen Dosen von Succinylcholin auftreten (Dualblock)!

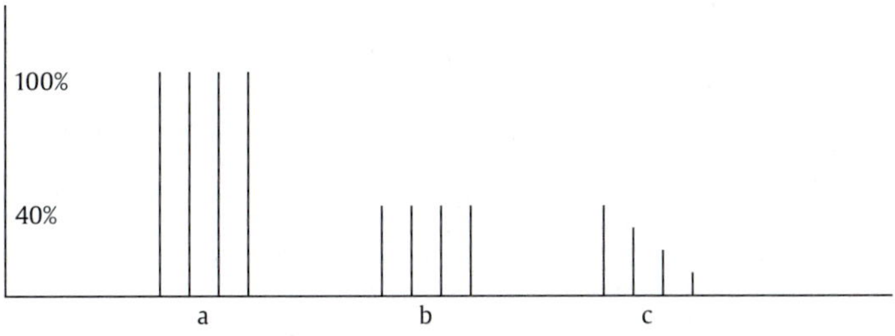

Stärke der 4 Muskelzuckungen bei „train of four-Stimulation“.

a) nicht relaxierter Patient,
b) Depolarisationsblock (ca. 40% Muskelkraft),
c) kompetitiver Block (ca. 40% Muskelkraft).

- **Cave! Die Reize sind schmerzhaft! Keine Messung am wachen Patienten!**

Pulsoximetrie

- Nicht invasives Verfahren zur kontinuierlichen Messung der arteriellen Sauerstoffsättigung.
- Prinzip:
  - Eine Lichtquelle sendet Licht zweier verschiedener Wellenlängen (660 und 940 nm) aus; das Licht wird vom Gewebe absorbiert und pulssynchron moduliert. Das „Restlicht“ wird von einem Detektor in elektronische Impulse umgewandelt, aus denen die O_2-Sättigung errechnet wird. (oxigeniertes Hb absorbiert weniger Licht im roten Bereich als desoxigeniertes).
- Normwert: 95–100%.

- Besondere Indikationen:
  - Kinderanästhesie (obligat)
  - Operationen in dunklen Räumen (Zyanose nicht erkennbar),
  - Operationen im Kopfbereich (Lippen nicht sichtbar),
  - bei dunkelhäutigen Patienten,
  - bei Patienten im Aufwachraum v.a. nach langen Eingriffen (auch während des Eingriffs)
  - bei kritisch kranken Patienten (z.B.: KHK, COLD).
- Eingeschränkt verwertbare Ergebnisse bei:
  - Zentralisierten Patienten,
  - unterkühlten Patienten,
  - hohen CO-Hb- oder Methämoglobin-Konzentrationen,
  - Patienten mit Bilirubinerhöhung,
  - sehr unruhigen Patienten (Bewegungsartefakte/Muskelzittern),
  - Bestrahlung des Patienten mit Infrarotlampen (v.a. bei Benutzung des Kindersensors).
- Praktische Hinweise:
  - Meßort wechseln, da bei längerer Anwendung Druckschädigungen entstehen können (v.a. wenn bei Kindern die Erwachsenen-Sensoren benutzt werden oder ein Patient aufgrund seiner Kreislaufsituation in der Peripherie schlecht perfundiert wird),
  - zur Operation evtl. Sensor am Finger festkleben (v.a. wenn die Hand des Patienten aus Lagerungsgründen für den Anästhesisten nicht mehr zugänglich ist) oder andere Sensoren verwenden (z.B. für Stirn oder Nase),
  - Klebeelektroden (Kinderanästhesie) möglichst am Hand- oder Fußrücken plazieren, da ihre Kalibrierung oft über knöchernen Strukturen vorgenommen wird.
- Sicherheitsanweisungen für die Anwendung der Pulsoximetrie im MR (Magnetresonanztomographie – Kernspintomographie).
  - Aus Sicherheitsgründen werden bei der Kernspintomographie fiberoptische Pulsoximeter verwendet,
  - weitere Sicherheitsanwendungen sind dem jeweiligen Gerät beigefügten Gebrauchs- und Sicherheitsanweisungen zu entnehmen,
  - bei der Anwendung von Pulsoximetern mit leitfähigen Drähten kann es zu Verbrennungen an den Hautstellen kommen, an denen der Sensor zum Patienten Kontakt hat!

Kapnometrie

- Bestimmung des endexspiratorischen CO_2 ($EECO_2$):
  - Nicht invasive Überwachungsmethode zur Kontrolle der Beatmung mittels Infrarotmessung über eine Küvette, die zwischen Y-Stück der Beatmungsschläuche und Tubus eingesetzt wird,
  - an diese Küvette ist ein Meßaufnehmer angeschlossen,
  - am Monitor werden die Werte digital oder analog oder mittels einer Verlaufskontrolle dargestellt.
- Normwerte: 4,6%–5,4% bzw. 35–42 mmHg.
- Abfall der endexspiratorischen CO_2-Konzentration weist auf ein zu hohes, Anstieg auf ein zu niedriges Atemminutenvolumen hin!
- Schlagartiger Abfall der endexspiratorischen CO_2-Konzentration unter sonst unveränderten Bedingungen weist auf eine fulminante Lungenembolie hin.

- Ursachen für den Abfall des endexspiratorischen CO_2:
  - Lungenembolie (Luft oder Thrombus),
  - Rhythmusstörungen/Herzstillstand,
  - Hypovolämie,
  - plötzlicher RR-Abfall durch massive Blutverluste,
  - Abfall des HZV bzw. Schock mit Abnahme der Lungendurchblutung,
  - partielle Undichtigkeit im Atemsystem einschließlich Cuff,
  - partielle Verlegung des Tubus (Beatmungsdrücke steigen).
- Schlagartiger Abfall des endexspiratorischen CO_2 gegen Null:
  - Kein Gasaustausch mehr,
  - Diskonnektion des Atemsystems,
  - Ausfall des Beatmungsgerätes,
  - komplette Verlegung des Tubus,
  - Tubus ist in Ösophagus gerutscht.
- **Achtung!**
  - Capnolog-Geräte messen die CO_2-Differenz zwischen In- und Exspirationsluft!
  - D.h.: Der Capnolog ist nicht dazu geeignet, den Verbrauch des Atemkalkes anzuzeigen.
  - Dies gilt **nicht** für die Capnomac-Geräte.

„Bair-Hugger-Wärme-System"

- Anwendung bei Operationen, die aufgrund ihrer langen Dauer oder der Ausdehnung des Operationsgebietes, mit den damit verbundenen Wärme- und Volumenverlusten, zur Unterkühlung des Patienten führen können.
- Funktionsprinzip:
  - Erwärmte Luft wird durch einen Kunststoffschlauch in die Patientenauflage geleitet (Prinzip einer „Fönhaube").
- Anwendung:
  - Drei Temperaturstufen können angewählt werden,
  - Patientenauflagen sind an bestimmten Stellen mit Klebefolie beschichtet und können auf diese Weise sicher am Patienten angebracht werden; zusätzlich können Operationstücher darübergelegt werden (→ festerer Halt und effizientere Erwärmung),
  - Patientenauflagen gibt es in verschiedenen Ausführungen, die je nach Operation ihre Anwendung finden (z.B.: Oberkörperdecke, Unterkörperdecke, Ganzkörperdecke, Babydecke).

➤ Lokalanästhetika haben einen hemmenden Einfluß auf die physiologische Erregungsleitung der Nervenfasern. Sie blockieren den Ioneneinstrom an der Membran der Nervenfaser → Reizleitung wird unterbrochen. Das erforderliche Volumen und die notwendige Konzentration des Lokalanästhetikums sind abhängig von der Art der gewählten Regionalanästhesie, von Größe und Gewicht des Patienten, von der gewünschten Ausbreitung, sowie vom Allgemeinzustand.

Mögliche Nebenwirkungen und toxische Wirkungen

➤ Allergische Reaktion (häufiger bei Ester-LA, jedoch selten auch bei Amid-LA).
- Symptome:
  - Hautrötung,
  - generalisierter Juckreiz,
  - Atembeschwerden (asthmaartig),
  - allergischer Schock.
- Therapie:
  - Injektion des LA sofort abbrechen,
  - Sauerstoffgabe,
  - Vitalparameter überprüfen (RR, Puls, Atmung),
  - ggf. Antihistaminika (z.B. Tavegil/Tagamet),
  - ggf. Volumengabe (z.B. RiLac, HÄS, Humanalbumin),
  - ggf. Cortison.

➤ Bei schwerem allergischen Schock mit Herz-Kreizlaufstillstand gelten die allgemeinen Regeln der kardiopulmonalen Reanimation!

➤ Zentralnervöse Reaktion:
- Es werden 3 Stadien der ZNS-Intoxikation unterschieden!
- Stadium I:
  - Taubes Gefühl von Lippen und Zunge,
  - metallischer Geschmack auf der Zunge,
  - Schwindelgefühl,
  - Schläfrigkeit,
  - Ohrklingeln,
  - verwaschene Sprache,
  - Muskelzittern,
  - Nystagmus,
  - Sehstörungen,
  - Verwirrtheit.
  - **Wichtig!** Die Taubheit von Zunge und Lippen gelten als eindeutige Hinweise, während die anderen Zeichen eher unspezifisch sind.
- Stadium II (exzitatorisches Stadium):
  - Erbrechen,
  - Krämpfe.
- Stadium III (inhibitorisches Stadium):
  - Koma, Kreislaufversagen.

➤ Vorsichtsmaßnahmen bezüglich ZNS-Reaktionen:
- Entsprechende Prämedikation (z.B. mit einem Benzodiazepin).
- Höchstdosis beachten,
- Vermeidung einer intravasalen Injektion (Aspiration vor jeder Injektion),
- Antikonvulsivum (z.B. Midazolam = Dormicum) griffbereit.

Spezielle Gesichtspunkte bei Lokal- bzw. Regionalanästhesie

- Intubation und künstliche Beatmung müssen jederzeit möglich sein; die entsprechenden Vorbereitungen müssen vor Beginn der Regionalanästhesie abgeschlossen sein!
- Maßnahmen bei LA-Intoxikation:
  - Injektion sofort abbrechen,
  - Patienten O_2 über Maske zuführen,
  - Patienten auffordern „tief durchzuatmen" → Hyperventilation erhöht die Toleranz gegenüber LA,
  - ggf. Antikonvulsivum (z. B. Valium),
  - Vitalparameter engmaschig überwachen,
  - ggf. Intubation, Beatmung mit O_2.
- Herz-Kreislaufreaktion:
  - Symptome:
    - Tachykardie / Bradykardie,
    - Arrhythmie,
    - Kammerflimmern / Asystolie,
    - Blässe / Zyanose,
    - Blutdruckabfall,
    - Herzversagen.
  - Therapie:
    - O_2-Gabe,
    - Kreislaufstabilisierung, z. B. durch Volumengabe, Vasopressoren (z. B. Akrinor), Katecholamine (z. B. Dopamin, Suprarenin),
    - bei Kreislaufstillstand gelten die üblichen Regeln der kardiopulmonalen Reanimation.
- Merke!
  - Je mehr LA injiziert wird, desto mehr wird resorbiert → je höher der Plasmaspiegel, desto größer die Gefahr von toxischen Nebenwirkungen auf ZNS und Herz-Kreislaufsystem,
  - die Resorptionsgeschwindigkeit ist abhängig vom Injektionsort,
  - bei Verwendung von Prilocain (Xylonest): Zyanose durch Methämoglobinbildung möglich → Therapie: Sauerstoffgabe, i.v.-Gabe von Toluidinblau.
- Ein Patient, der eine Regionalanästhesie erhalten hat, ist sorgfältig zu überwachen, damit Nebenwirkungen frühzeitig erkannt werden. Abgesehen von der Überwachung der Vitalparameter ist die Ansprache eine einfache und sichere Methode, um sich einen Eindruck über den aktuellen Allgemein- und Bewußtseinszustand des Patienten zu verschaffen.

Aspiration

➤ S. Ileuseinleitung (S. 148ff).

Bronchospasmus

➤ Verengung der Bronchiolen aufgrund einer Kontraktion der Bronchialmuskulatur mit daraus folgendem Anstieg des Atemwegswiderstandes und exspiratorischem Stridor.
➤ Ursachen:
  - Asthmatische Erkrankung in der Anamnese,
  - Reizung des Kehlkopfes oder des Rachens durch:
    - Intubation / Inspektion des Hals-Nasen-Rachenraumes in zu flacher Narkose,
    - Aspiration,
    - Fremdkörper,
    - Reizgase.
  - Medikamente:
    - Barbiturate,
    - Antagonisten von Muskelrelaxantien,
    - Opiate.
  - nach allen medikamentös bedingten allergischen Reaktionen möglich.
➤ Symptome:
  - Pfeifendes, evtl. giemendes Atemgeräusch (exspiratorisch),
  - Zyanose, Hypoxie,
  - Anstieg des Beatmungsdruckes,
  - Tachypnoe / Dyspnoe beim wachen Patienten,
  - evtl. Halsvenenstauung,
  - hyper- / hypotone Kreislaufreaktion,
  - Blutgasanalyse: PO_2 erniedrigt; PCO_2 normal / erhöht.
➤ Therapie:
  - Beatmung mit 100% Sauerstoff, Sedierung,
  - endotracheales Absaugen.
  - Einsatz von Bronchodilatatoren (i.v., Spray, Vernebeln), z.B.:
    - Euphyllin,
    - Bricanyl,
    - Alupent,
    - Sultanol,
    - Halothan,
    - Ketanest.
  - ggf. Cortison (z.B. Urbason).
➤ Sonstiges:
  - Prädisponierte Patienten:
    - Asthmatiker,
    - starke Raucher,
    - Allergiker.
  - Der Einsatz von Aerosolen, z.B. Alupent oder Auxilloson Spray ist umstritten, da das Medikament nur bis zur Bronchokonstriktion gelangt und die verengten Gebietes erst gar nicht erreicht. Sicherer ist die i.v.-Therapie.

- Außer beim Bronchospasmus kommt eine Erhöhung des Atemwegswiderstandes (damit eine Erhöhung des Beatmungsdruckes) vor bei:
  - abgeknicktem Tubus,
  - Tubuscuffhernie,
  - innerer Tubushernie (Ablösung der Tubusinnenwand → Stenosierung),
  - Verlegung des Tubus durch Sekret oder Blutkoagel,
  - Gerätedefekt, z. B. abgeknicktem Beatmungsschlauch, defektem Ventil, falschem Zusammenbau.
- Wegen der möglichen Kreislaufreaktionen, sowohl hervorgerufen durch den Bronchospasmus als auch durch die bei der Therapie verwendeten Medikamente, ist eine engmaschige Kreislaufkontrolle zwingend erforderlich.

Laryngospasmus

- Krampf der Kehlkopfmuskulatur.
- Verschluß der Stimmbänder.
- Verschluß der Taschenfalten (aryepiglottische Falten).
- Zu unterscheiden vom Glottiskrampf:
  - Verschluß der Stimmbänder (tritt häufiger auf; läßt sich meist durch Esmarchschen Handgriff durchbrechen).
- Ursachen:
  - Intubationsversuch bei ungenügender Relaxierung,
  - Intubationsversuch bei ungenügender Narkosetiefe,
  - Aspiration,
  - Manipulation im Kehlkopfbereich am wachen Patienten bei unzureichender Analgesie,
  - medikamentöse Nebenwirkungen z. B. bei Ketanest (gesteigerte Schutzreflexe im Rachenbereich),
  - Extubation des Patienten im Exzitationsstadium.
- Symptome:
  - Inspiratorischer und exspiratorischer Stridor → teilweiser Verschluß (Glottiskrampf),
  - hoher Beatmungsdruck,
  - ruckartige, inverse Atmung (beim spontanatmenden Patienten),
  - fest verschlossene Stimmritze (bei laryngoskopischer Einstellung).
- Therapie:
  - Esmarchscher Handgriff (genügt häufig zum Lösen eines Glottiskrampfes),
  - Versuch der Maskenbeatmung mit 100% O_2.
    - Vorsicht: Ösophagusverschlußdruck ca. 15 – 20 cm H_2O → Magenaufblähung vermeiden.
  - Versuch der Intubation mit einem dünnen Tubus.
- Tip:
  - Flexible Spitze des Führungsstabes ca. 1 – 2 cm aus dem Tubus hervorstehen lassen → Leitschiene für den Tubus durch die verschlossene Stimmritze (keine Gewalt!),
  - Relaxierung mit Succinylcholin; falls Maskenbeatmung nicht möglich, ggf. Reintubation und Beatmung / Sedierung und Relaxierung.
- Ultima ratio:
  - Notkoniotomie / Nottracheotomie.

- Nach ausgeprägteren Manipulationen am Kehlkopf ist der prophylaktische Einsatz von Kortison in Erwägung zu ziehen. Extubation erst nach genauer Kehlkopfinspektion (Glottisödem).

Anaphylaktische/anaphylaktoide Reaktionen

- Definitionen:
  - Anaphylaktische Reaktion:
    - Ablauf einer Antigen-Antikörperreaktion mit Freisetzung von gefäßaktiven Substanzen (z. B. Histamin).
  - Anaphylaktoide Reaktion:
    - Freisetzung gefäßaktiver Substanzen ohne Ablauf einer Antigen-Antikörperreaktion.
- Als auslösende Substanz können praktisch alle Stoffe in Frage kommen; relativ oft in Verbindung mit folgenden Substanzen: Röntgenkontrastmittel, Barbiturate, Relaxantien, Blut- und Blutderivate, Infusionslösungen, Antibiotika, Trasylol.
- Symptome:
  - Hautreaktionen, z. B.: Brennen, Jucken, Quaddelbildung,
  - Hitzegefühl,
  - Übelkeit,
  - Erbrechen,
  - Tachykardie,
  - Blutdruckabfall,
  - Bronchospasmus.
- Maßnahmen:
  - Zufuhr der vermuteten Triggersubstanz (z. B. Blutkonserve) sofort unterbrechen,
  - sofort Arzt verständigen,
  - RR- und Pulsüberwachung,
  - O_2-Gabe,
  - ggf. Intubation,
  - Medikamente:
    - Adrenalin, z. B. Suprarenin,
    - Kortison, z. B. Urbason, Solu-Decortin H,
    - Volumengabe (HÄS etc.),
    - H_1-Rezeptorenblocker, z. B. Fenistil/Tavegil,
    - H_2-Rezeptorenblocker, z. B. Tagamet, Zantic, Sostril,
  - ggf. Herz-Lungen-Wiederbelebung.
- Prophylaxe:
  - Müssen bei einem Patienten zwingend Substanzen gegeben werden, auf die der Patient möglicherweise allergisch reagiert:
    - Ca. eine halbe Stunde vor der Applikation des möglichen Allergens Fenistil/Tagamet/Kortison geben,
    - engmaschige Überwachung (RR/Puls),
    - Beatmungs- und Reanimationsbereitschaft,
    - bei der Gabe von Dextran (z. B. Macrodex, Rheomacrodex, Schiwadex): Vorgabe von 20 ml Promit langsam i. v. (über ca. 3 Min.). Die Dextrangabe muß jetzt innerhalb von 20 Min. erfolgen. Die Promitgabe muß wiederholt werden, wenn diese Zeit überschritten wird!

- Die anaphylaktischen Reaktionen werden in 4 Schweregrade eingeteilt:
  - Grad I:
    - Flush, Urticaria → ggf. Antihistaminika geben,
  - Grad II:
    - Puls-Anstieg, RR-Abfall, Dyspnoe, Nausea, Erbrechen → Antihistaminika und Kortison geben,
  - Grad III:
    - Schock, Spasmus (Bronchien, Magen-Darm-Trakt) → Adrenalingabe, Volumentherapie, ggf. Reanimation,
  - Grad IV:
    - Kreislauf- und Atemstillstand → s. Grad III.

Maligne Hyperthermie

- Definition:
  - Wahrscheinlich genetisch determinierte Störung der Skelettmuskelfunktion, die durch verschiedene Anästhetika und Succinylcholin ausgelöst wird,
  - hypermetaboles Syndrom, verursacht durch eine Hemmung der Ca^{2+}-Aufnahme in das sarkoplasmatische Retikulum der Skelettmuskelfaser, wodurch es zu einem Dauerkontraktionszustand der quergestreiften Muskulatur mit entsprechendem Energieumsatz kommt.
- Auslöser können sein:
  - Alle volatilen Anästhetika,
  - Succinylcholin, Ketamin (wahrscheinlich), Atropin (fraglich),
  - Lokalanästhetika vom Amidtyp?!,
  - Streß u. a.
- Besonders gefährdet sind Patienten mit:
  - Spontanen Muskelkrämpfen,
  - Ptose oder Schielen,
  - Hypermotilität der Gelenke,
  - Skoliose, Kyphose, Lordose,
  - hohem Fieber bei Anstrengung, Infektionen oder Aufregung,
  - Myoglobinurie nach Anstrengung,
  - Myotonia congenita (Funktionsstörung der Muskulatur),
  - Duchenne-Dystrophie (Muskeldystrophie / bösartiger Typ),
  - Osteogenesis imperfecta (angeborene Störung der Osteoblastentätigkeit),
  - Arthrogryposis multiplex congenita (Kontraktur zahlreicher Gelenke in Beuge- oder Streckstellung),
  - neuroleptischem malignem Syndrom.
- Bei mehr als 70% aller Patienten mit MH ist der Kreatininphosphokinasespiegel im Serum erhöht.
- Symptome:
  - Rigor: keine Muskelrelaxierung nach Gabe von Succinylcholin, sondern Muskelstarre, besonders im Bereich der Kiefermuskulatur,
  - CO_2-Anstieg: sehr frühzeitig und sehr schnell! sehr wichtiges Zeichen! Atemkalk wird extrem warm und verfärbt sich.
  - Tachypnoe: beim spontan atmenden Patienten,
  - Zyanose: O_2-Bedarf steigt extrem an und kann mit normalem AMV nicht gedeckt werden,
  - Tachykardie: mit Herzrhythmusstörungen und instabilem Kreislauf.

- Temperatur: krisenhafter Anstieg bis 42 °C! Relativ spätes Zeichen, kann auch erst postoperativ auftreten,
- Labor: kombinierte respiratorische und metabolische Azidose, K^+, Ca^{++}, GOT, GPT, CKMB sind erhöht, Gerinnungsstörungen,
- Urin: Myoglobinurie, Nierenversagen,
- Sonstiges: Schwitzen, Krampfanfälle.

➤ Wichtigste Überwachungsparameter zur Erkennung einer MH:
- 1. CO_2-Messung endexspiratorisch,
- 2. EKG und Pulsoximetrie,
- 3. Temperaturmessung.

➤ Therapie:
1. - Volatile Anästhetika sofort abstellen!
   - Schläuche mit O_2 spülen!
   - Beatmung mit 100% O_2 im halboffenen System (Anpassung an erhöhten O_2-Verbrauch und CO_2-Anfall),
   - AMV um das 2–3fache erhöhen.
2. - Dantrolengabe (1–2,5mg/kg KG),
   - Tagesmaximaldosis 10mg/kg KG,
   - Relaxierung des Patienten mit Pancuronium.
3. - Narkosegerät gegen ein Beatmungsgerät austauschen.

➤ Intensivtherapie erforderlich:
- ZVK, Magensonde, BVK, arterielle Kanüle erforderlich,
- Ausgleich der Azidose nach BGA,
- Infusionen (gekühlt) nach ZVD,
- Oberflächenkühlung (z.B.: Kühlmatten, Wadenwickeln, Alkoholabreibungen),
- Ausscheidung mit Lasix oder Mannit fördern (anzustrebende Stundenurinmenge 1,5 ml/kg KG),
- bei Hyperkaliämie: Glukose-Insulingabe, Kalcium i.v., NaCl 20% i.v., – evtl. CVVH.
- Heparinisierung,
- Kortison,
- evtl. Antiarrhythmika (z.B. Isoptin oder Betablocker).

➤ Achtung!
- Dantrolen ist venenreizend, färbt den Urin orange bis rot, darf nicht mit anderen Medikamenten oder Infusionen gemischt werden!

➤ „Rund-um-die-Uhr"-Informationsdienst bei MH-Notfällen: Anästhesieabteilung der Städt. Krankenanstalten Heilbronn; Tel.: 07131/482050

➤ Anästhesie bei MH in der Vorgeschichte:
- Folgende Pharmaka gelten als sicher:
  - Barbiturate,
  - Opioide,
  - Benzodiazepine,
  - Pancuronium, Norcuron,
  - Lokalanästhetika vom Estertyp (Amide?!).
  - Lachgas sollte mit Vorsicht angewendet werden.

➤ Allgemeinnarkose am besten als balancierte Anästhesie mit Opioiden bzw. als modifizierte Neuroleptanästhesie durchführen.

➤ Entweder „frisches" Narkosegerät verwenden oder Vapor am Gerät abbauen und mehrere Stunden vor der Narkose O_2-Flow auf 15 l drehen.

- Prophylaktische Zufuhr von Dantrolen möglich:
  - 45 Min. vor Narkose, 2,5 mg/kg KG als Infusion innerhalb von 20 Min. geben,
  - wiederholte Gabe bei längerdauernden Operationen nach 6 Stunden.
- Präoperativ ist zumeist eine stärkere Sedierung erforderlich, da Angst und Aufregung die MH triggern können.
- Patienten im Einleitungsraum prophylaktisch auf nicht eingeschaltete Kühlmatte legen.
- Evtl. Blasenkatheter legen (Urinausscheidung und Farbe).

Zentrales anticholinerges Syndrom

- S. S. 76.

Übernahme eines Patienten

➤ Übergabebericht des Anästhesisten:
- Name und Alter des Patienten,
- durchgeführte Operation,
- Anzahl und Art der Drainagen, Katheter und Sonden,
- operative Komplikationen,
- Anästhesietechnik und Narkoseverlauf,
- Flüssigkeits- und Blutersatz,
- Anästhesiekomplikationen,
- Blutverluste und Verluste über Drainagen,
- Urinausscheidung / evtl. Stundenurin,
- aktuelle Vitalparameter,
- Anweisungen des Chirurgen (z. B.: Lagerung, Fußpulse, Redondrainagen öffnen).

➤ Anweisungen des Anästhesisten an die Pflegekraft:
- Evtl. Röntgen-Thorax (Schein ausgefüllt?),
- Blutentnahmen (z. B.: Hb, HK, E'lyte, BZ, BGA),
- Vitalzeichenkontrolle,
- evtl. ZVD-Messung,
- evtl. Pulsoximetrie,
- z. B. Analgetika (müssen auf dem Narkoseprotokoll vermerkt sein),
- Volumen- oder Blutgabe erforderlich,
- auf welche Station wird der Patient verlegt.

Überwachung der Patienten im Aufwachraum

➤ Bewußtsein:
- Kriterien:
  - bewußtlos / schläfrig / wach und ansprechbar,
  - Reaktionen: gezielt / ungezielt,
  - Orientierung: zeitlich und räumlich,
  - agitiert / unruhig / ruhig.

➤ Atmung:
- Atemfrequenz,
- Atemtiefe,
- Atemtyp,
- Farbe der Fingernägel, Lippen, Ohren, Haut (rosig / blaß / zyanotisch),
- Thoraxbewegungen,
- Pulsoximetrie.

➤ Kreislauf:
- Puls (Qualität / Frequenz),
- EKG (Frequenz / Rhythmus),
- RR,
- evtl. ZVD,
- evtl. PAP,
- Patient zentralisiert?
- Haut (warm / kalt / rosig / blaß / grau).

- Temperatur: (Messung per Sonde oder mit Thermometer)
  - rektal,
  - zentral (über Pulmonaliskatheter),
  - inguinal,
  - axillar,
  - intravesikal (über Blasenkatheter),
  - ösophageal (über Ösophagusstethoskop).
- Ausscheidungen:
  - Urinausscheidung (evtl. Stundenurin),
  - Blutverlust über Wunde oder Drainagen,
  - Schwitzen.
- Drainagen:
  - Art,
  - Anzahl,
  - Ort,
  - mit oder ohne Sog,
  - Verluste.
- Verbände:
  - Anzahl,
  - Ort,
  - Zustand.
- Venöse bzw. arterielle Zugänge:
  - Peripher-venös (wie viele und wo),
  - ZVK,
  - MLK,
  - Pulmonaliskatheter,
  - arterielle Kanüle.
- Bitte immer im Aufwachraum noch einmal kontrollieren, ob die Zugänge genügend fixiert sind!
- Sind alle Dreiwegehähne fest aufgeschraubt und mit Stöpseln verschlossen?
- Zugänge, die nicht mehr benötigt werden, vor Verlegung des Patienten ziehen.
- Weiteres Vorgehen:
  - O_2-Gabe nach Anordnung,
  - Infusions- und Medikamentengabe nach Anordnung,
  - sonstige Anordnungen ausführen bzw. organisieren (z. B. Rö-Thorax, Blutentnahmen),
  - Dokumentation im Anästhesieprotokoll,
  - Patienten in das Aufwachraum-Buch eintragen (mit Diagnose, Uhrzeit und Datum) und bei Verlegung austragen/evtl. Nachbeatmung dokumentieren!
  - Dafür Sorge tragen, daß der Patient sich gut aufgehoben fühlt,
  - spezielle Pflegedokumentation für den Aufwachraum auf dem Narkoseprotokoll.

Verlegung der Atemwege durch Zurücksinken der Zunge

- Ursache:
  - Patient ist bewußtlos oder noch restrelaxiert.
- Symptome:
  - Inverse Atmung, Schnarchen, inspiratorischer Stridor.
- Maßnahmen:
  - Esmarch-Handgriff,
  - oraler, besser nasopharyngealer Tubus,
  - O_2-Gabe,
  - Arzt verständigen!
  - Evtl. Re-Intubation erforderlich,
  - evtl. Antagonisierung von Opiaten oder Relaxantien erforderlich,
  - Opiatantagonisierung z.B. mit Naloxon,
  - Relaxansantagonisierung z.B. mit Prostigmin.

Verlegung der Atemwege durch Laryngospasmus

- Ursache:
  - Stimulation des Larynx im Exzitationsstadium der Narkose z.B. durch Schleim, Blut, Magensaft, unvorsichtiges Absaugen.
- Symptome:
  - Inspiratorischer und exspiratorischer Stridor (bei nur teilweisem Verschluß, sogenannter „Glottiskampf"),
  - ruckartige inverse Atmung.
- Maßnahmen:
  - Beseitigung des Stimulus,
  - Esmarch-Handgriff (reicht oft zum Lösen des Glottiskrampfes),
  - Versuch der Maskenbeatmung mit 100% O_2,
  - falls Maskenbeatmung nicht möglich: Relaxierung mit Succinylcholin.
  - ggf. Re-Intubation und Beatmung,
  - Ultima ratio: Notkoniotomie / Nottracheotomie.

Verlängerte Apnoe und Hypoventilation

- Mögliche Ursache:
  - Zentrale Atemdepression durch Anästhetika, v.a. nach der Zufuhr hoher Dosen von Opioiden.
- Symptome:
  - Patient macht lange Atempausen bzw. „vergißt" das Luftholen,
  - fordert man ihn auf, durchzuatmen, tut er es (Kommandoatmung). → Patient nicht zu früh verlegen!
- Falls antagonisiert wurde, daran denken, daß die Wirkungsdauer der Antagonisten kürzer sein kann als die der verwendeten Opioide!
- Mögliche Ursache:
  - Muskuläre Ateminsuffizienz durch Muskelrelaxantien.
- Symptome:
  - Schaukelatmung / inverse Atmung / Stridor / Schnarchen.
- Maßnahmen:
  - Überprüfen:
    - Kann der Patient die Augen öffnen?
    - Kann der Patient den Kopf anheben und 5 Sek. halten?

  - Kann der Patient die Zunge herausstrecken?
  - Kann der Patient die Hand drücken?
- Wenn nicht:
  - Nicht depolarisierende Relaxantien können z. B. mit Prostigmin antagonisiert werden (z. B. 1 Amp. Atropin und 2 Amp. Prostigmin in einer Spritze aufziehen).

➤ Mögliche Ursachen:
- Schmerz, Übergewicht, Pneumothorax, Hämotothorax, straffe Verbände.

➤ Maßnahmen:
- Für ausreichende Analgesie sorgen,
- Lagerung optimieren,
- evtl. Röntgen-Thorax erforderlich,
- Verband falls möglich anders anbringen.

Hypoxämie (Abfall des arteriellen P_aO_2 unter 70 – 75 mmHg)

➤ Ursachen:
- Hypoventilation (v.a. nach Oberbaucheingriffen, Thorax-OP's, bei Patienten mit Übergewicht, chronischen Lungenerkrankungen),
- Störung des Belüftungs-Durchblutungsverhältnisses,
- Atelektasen,
- erhöhter O_2-Bedarf durch Muskelzittern oder Fieber,
- Lungenödem,
- Pneumothorax,
- Bronchusobstruktion,
- Aspiration,
- niedriges Herzzeitvolumen,
- Lungenembolie.

➤ Prophylaxe bzw. Behandlung der Hypoxämie:
- O_2-Gabe postoperativ (v. a. wenn der Patient shivert!),
- bei Blässe aufgrund von Anämie → möglicherweise Erythrozytenkonzentrate erforderlich,
- evtl. Intubation erforderlich.

Hyperkapnie (Anstieg des arteriellen PCO_2 über 45 mmHg)

➤ Ursachen:
- Hypoventilation (Ursachen s. o.),
- gesteigerter Stoffwechsel (z. B. Muskelzittern oder erhöhte Körpertemperatur).

➤ Symptome:
- Tachykardie,
- Schwitzen,
- Blutdruckanstieg.

➤ Achtung!
- Diese Symptome sind in der unmittelbar postoperativen Phase häufig nicht zu erkennen → deshalb bei Verdacht auf Hyperkapnie BGA!

➤ Behandlung:
- Bestehende zentrale oder periphere Atemdepression beseitigen (s. o.),
- Stoffwechselaktivität senken (z. B. fiebersenkende Maßnahmen ergreifen).

Hypotonie

- Ursachen:
  - Häufig Volumenmangel,
  - Nachblutung,
  - Nebenwirkungen von Medikamenten (z. B. Anästhetika),
  - Herzinsuffizienz,
  - vasodilatierende Substanzen,
  - Lungenembolie,
  - Pneumothorax,
  - Sepsis,
  - Herzbeuteltamponade.
- Klinische Zeichen:
  - Blutdruck erniedrigt,
  - Tachykardie,
  - niedriger ZVD (nicht bei Herzinsuffizienz, Lungenembolie, Pneumothorax oder Herzbeuteltamponade),
  - niedriger PAP (nicht bei Sepsis, Lungenembolie, Pneumothorax, Herzinsuffizienz, Herzbeuteltamponade),
  - Abnahme der Urinausscheidung,
  - Blässe.
- Behandlung:
  - Je nach Ursache.
- Bei Patienten, die im Aufwachraum hypoton werden, immer an eine mögliche Nachblutung denken!

Hypertonie

- Ursachen:
  - Schmerzen,
  - Angst und Aufregung,
  - Hypoxämie,
  - Hyperkapnie,
  - Hypervolämie (selten),
  - volle Harnblase (häufig),
  - bestehender Hypertonus,
  - Hyperthyreose,
  - Phäochromozytom.
- Die Vorgehensweise richtet sich nach der Ursache!

Tachykardie

- Ursachen:
  - Schmerzen,
  - Angst u. Aufregung,
  - Hypovolämie,
  - Fieber,
  - Sepsis,
  - Hypoxie,
  - Hyperthyreose,
  - Phäochromozytom.

Bradykardie

- Ursachen:
  - Hirndruck,
  - Opiate,
  - Digitalis,
  - Prostigmin,
  - Beta-Blocker,
  - schwere Hypoxie,
  - Sportler,
  - Unterkühlung.

Sonstige Rhythmusstörungen

- Z. B.: VES, Bigeminus.
- Therapie der Rhythmusstörungen je nach Ursache.
- Häufig sind Elektrolytstörungen die Ursache (z.B. Hypo- oder Hyperkaliämie) oder ein zu tief liegender zentraler Zugang!

Nachblutung

- Meist ein chirurgisches Problem.
- Seltener Gerinnungsstörungen.

Muskelzittern (Shivering)

- Tritt v. a. nach Inhalationsanästhesie auf (genauer Mechanismus ist noch ungeklärt).
- Achtung! Steigerung des O_2-Verbrauchs um bis zu 400%.
  - Das ist v. a. bei Patienten mit eingeschränkter koronarer Reserve unerwünscht!
  - Bei neurochirurgischen Patienten kann durch Shivern der intrakranielle Druck ansteigen.
- Behandlung:
  - O_2-Gabe, Wärmedecke, Wärmelampe, Dolantingabe (z. B. bei Erwachsenen 12,5–25 mg i.v.), Applikation von Clonidin = Catapresan.

Hypothermie

- Kann auftreten nach langdauernden großen Operationen.
- Ursachen:
  - Kühle Umgebungstemperatur,
  - Zufuhr kalter Infusionen/Transfusionen/Spüllösungen,
  - kühle Narkosegase,
  - Wärmeverlust über eröffnete Körperhöhlen,
  - Wärmeverlust durch großflächige Anwendung von Desinfektionsmitteln am Patienten,
  - gestörte Temperaturregulation durch Medikamente (Narkotika).
- Therapie/Maßnahmen:
  - Jeden weiteren Temperaturverlust vermeiden,
  - Raumtemperatur erhöhen,
  - keine aktiven Bewegungen des Patienten,
  - Sauerstoffgabe,
  - evtl. muß der Patient in einem solchen Fall beatmet werden bis er normotherm ist, weil er möglicherweise unter Spontanatmung seinen O_2-Bedarf nicht decken kann,
  - Zufuhr warmer Infusionslösungen,
  - außerdem: Wärmedecke, Wärmelampe (Cave: Verbrennungen),
  - Bair-Hugger oder Warm-Touch.

Hyperthermie

- Ursachen:
  - Infektionen,
  - Atropingabe bei Kleinkindern,
  - verminderte Wärmeabgabe,
  - Pyrogene (z. B. aus Blutkonserven oder Infusionslösungen),
  - maligne Hyperthermie (selten).
- Behandlung:
  - Physikalische Maßnahmen,
  - Antipyretika (z. B. Benuron supp.).

Übelkeit und Erbrechen

- Ursachen:
  - Z. B.: Opioidgabe.
  - Schieloperationen,
  - Operation am Mittelohr,
  - intraabdominelle Operationen,
  - gynäkologische Operationen,
  - RR-Abfall nach PDA oder Spinalanästhesie kann ebenfalls Übelkeit verursachen (Ursache: Sympathikusblockade und konsekutives Überwiegen des Parasympathikus),
  - psychische Ursachen,
  - Erhöhtes Magensaftvolumen z. B. durch Angst, Schmerzen.
- Behandlung:
  - Schmerzen beseitigen,
  - dicht sitzende Gesichtsmaske entfernen,
  - wenn möglich Oberkörperhochlagerung,
  - Patienten zum ruhigen Durchatmen auffordern,
  - Antiemetika (z. B. Paspertin oder DHB, je nach Ursache und ärztlicher Anordnung).

Verzögertes Erwachen

- Ursachen:
  - Überdosierung von Anästhetika,
  - extreme Hyperkapnie → im Zweifelsfall Blutgasanalyse!
  - zerebrale Ursachen: Hirnischämie, Hirnblutung, apoplektischer Insult,
  - Hypoglykämie → zum Ausschluß Blutzucker bestimmen,
  - zentrales anticholinerges Syndrom.
- Maßnahmen:
  - Arzt rufen!
  - Therapie je nach Ursache!

Agitiertheit

- Ursachen:
  - Hypoxämie,
  - Hyperkapnie,
  - Harnverhaltung,
  - Aufblähung des Magens,
  - Schmerzen,
  - Angst,
  - Alkohol- und / oder Medikamentenentzug,
  - zentrales anticholinerges Syndrom,
  - Vorzeichen eines TUR-Syndroms.
- Maßnahmen:
  - Patienten schützen! evtl. Bettgitter! Arzt rufen!
  - Ursache beseitigen!

➤ Erklärung des zentralen anticholinergen Syndroms.
- Ursache:
  - Blockierung zentraler cholinerger Rezeptoren bzw. verminderte Freisetzung von Acetylcholin im zentralen Nervensystem (z.B. durch Atropin, Opiate, Benzodiazepine, DHB, Inhalationsnarkotika).
- Symptome:
  - Angst, Unruhe, Hyperaktivität, Desorientiertheit, Halluzinationen oder Koma, Somnolenz, verzögertes Erwachen, Gedächtnisstörungen,
  - Tachykardie, Arrhythmien, Harnretention, Verminderung der Schweiß- und Speichelsekretion, Verminderung der Darmmotilität, Rötung des Gesichts, Mydriasis, Erhöhung des Augeninnendrucks, Steigerung der zentralen Temperatur.
- Maßnahmen:
  - Bei Verdacht → Arzt rufen!
  - Therapie (nach Ausschluß anderer Ursachen) mit Anticholium = Physostigmin.

Allgemeine Kriterien

- Ausreichende Spontanatmung des Patienten,
- stabile Herz-Kreislaufsituation,
- Fördermenge der Drainagen im Normbereich,
- ausreichende Schutzreflexe,
- evtl. Sensibilität und Motorik z.B. nach Wirbelsäulen-Operationen in Ordnung?,
- klares Bewußtsein,
- Dokumentation vollständig?,
- alle Anordnungen durchgeführt? (z.B. ZVK korrigiert),
- Laborwerte vorhanden bzw. korrigiert?,
- Unterschrift von Pflegekraft und Anästhesist auf dem Narkoseprotokoll.

Verlegung nach Regionalanästhesie

➤ Plexusblockaden bedürfen im allgemeinen keiner anästhesiologischen postoperativen Überwachung.

➤ **Aber:** Der Patient muß darauf aufmerksam gemacht werden, daß aufgrund der Gefühllosigkeit der anästhesierten Extremität eine Verletzungsgefahr derselben besteht.

➤ Patienten, die eine i.v.-Regionalanästhesie erhalten haben, müssen nach Eröffnung der Blutsperre mindestens 10 Min. überwacht werden, um eine Intoxikation auszuschließen!

➤ Verlegung nach Spinal- und Periduralanästhesie.
  - Ausreichender Volumenersatz,
  - stabile Herz-Kreislauf- und Atemfunktion,
  - Beinbeweglichkeit möglich, oder Patienten darauf hinweisen, daß er zunächst liegen bleiben soll und nicht allein aufstehen darf.

Anästhesie bei Säuglingen und Kleinkindern

- Ein Kind ist weder hinsichtlich der Anatomie noch der Physiologie ein „kleiner" Erwachsener!
- Definitionen:
  - Frühgeborene: Geburt vor abgeschlossener 37. SSW,
  - Neugeborene: 1.–28. Lebenstag (ca. 3–6 kg KG),
  - Säugling: bis Ende des 1. Lebensjahres (ca. 6–14 kg KG),
  - Kleinkind: 2–5 Jahre (ca. 14–20 kg KG),
  - Schulkind: 6–14 Jahre (ca. über 20 kg KG).

Besonderheiten in Anatomie und Physiologie

- Atmung:
  - Relativ großer Kopf,
  - große Zunge,
  - kurzer Hals,
  - hochstehender Kehlkopf,
  - Trachealschleimhaut sehr sensibel,
  - enge Luftwege,
  - die engste Stelle der Luftwege im Kehlkopfbereich befindet sich unterhalb der Stimmritze, also subglottisch, und ist deshalb laryngoskopisch nicht einsehbar,
  - rechter und linker Hauptbronchus haben etwa den gleichen Winkel zur Trachea → Gefahr der einseitigen Intubation sowohl des rechten als auch des linken Hauptbronchus,
  - alveoläre Ventilation ist (bezogen auf kg KG) etwa doppelt so groß wie beim Erwachsenen → nimmt mit zunehmendem Alter ab,
  - Verhältnis der funktionellen Residualkapazität zur alveolären Ventilation beträgt 1 : 5 (Erwachsener: 1 : 1,5),
  - bei Frühgeborenen besteht postoperativ eine größere Gefahr von Apnoephasen.
- Kreislauf:
  - Blutvolumen bei Neugeborenen beträgt ca. 80–85 ml/kg KG,
  - Erhöhung des HZV ist praktisch nur über eine Frequenzsteigerung möglich → schlechtere Anpassung an Volumenmangel,
  - Großteil des kindlichen Blutvolumens befindet sich im Körperstamm (Zentralisation) → keine Reserven in der Peripherie bei Volumenmangel,
  - Kinder haben einen ausgeprägten Sympathikotonus,
  - in den ersten 10 Lebenstagen kann es durch
    - Hypothermie,
    - Azidose,
    - Hypoventilation, zur Wiedereröffnung des Ductus Botalli und damit zu einem Rückfall in den fetalen Kreislauf kommen.
- Stoffwechsel:
  - Grundumsatz ist (pro kg KG) 2–3fach so hoch wie beim Erwachsenen,
  - unter Streß kann es aufgrund der geringeren Energiereserven leichter zu Hypoglykämien kommen.
- Nierenfunktion:
  - Kinder brauchen mehr freies Wasser zum Ausscheiden der harnpflichtigen Substanzen,
  - Flüssigkeitsverluste führen rascher zur Dehydratation als bei Erwachsenen.

- Temperaturregulation:
  - Kinder neigen leichter zu Hypothermie als Erwachsene wegen der – bezogen auf das Körpergewicht – relativ großen Körperoberfläche,
  - Abfall der Körpertemperatur kann zu Störungen der Vitalfunktionen führen: Hypothermie → Hypoventilation → Hypoxie / Azidose,
  - Möglichkeit des Zitterns fehlt → Abbau des braunen Fettes (z. B. im Wangenfettpfropf).

Besonderheiten bei der Medikamentenapplikation

  - Opiate: Reaktion schlechter voraussehbar als beim Erwachsenen; Wirkung u. U. verlängert,
  - Benzodiazepine: Wirkung verlängert,
  - Ketamin: höherer Verbrauch,
  - Succinylcholin: höherer Verbrauch,
  - Inhalationsnarkotika: schnellere An- u. Abflutung, höhere Konzentrationen intraoperativ nötig.
- Grundsätzlich gilt:
  - Wenn das Kind in der Einleitung ist, sollte alles vorbereitet sein. → niemals dem Kind den Rücken zuwenden! → erhöhte Unfallgefahr!

Ambubeutel

- Kleine Ambubeutel müssen vorhanden sein!

Notfalltablett

- In Tuberkulinspritzen aufgezogen; Verdünnung wie bei Erwachsenen: Atropin, Kalzium, Effortil, Suprarenin, Alupent, Xylocain.
  - Steht im Kühlschrank in den Kindereinleitungen.

Pulsoximeter

- Sollte möglichst in der Einleitung sein, auf jeden Fall aber im Operationssaal evtl. auch im Aufwachraum / bei Frühgeborenen obligat → Toleranz gegenüber O_2-Mangel deutlich geringer als bei Erwachsenen.

EKG-Elektroden

- Es gibt kleine und sehr kleine Elektroden für Kinder.

RR-Manschetten

- Für Früh- und Neugeborene gibt es spezielle Manschetten für die Dinamap-Geräte (kein Einmalmaterial).
- Innenmarkierung der Manschette beachten!
- Speziellen Druckmeßschlauch anschließen!
- Größenberechnung: zwei Drittel der Oberarmlänge bzw. 40% des Armumfangs.

Rendell-Baker-Masken

- Besitzen einen minimalen Innenraum, da sie der Form des kindlichen Gesichts angepaßt sind → geringer Totraum.

Maskengröße	Alter des Kindes	Totraum
0	Frühgeborene	2 ml
1	Neugeborene	4 ml
2	1 – 3 Jahre	8 ml
3	4 – 8 Jahre	15 ml

- Tip: Die 3er Rendell-Baker-Masken haben meist keine gute Paßform mehr → die 1er Medic-Masken sind dann oft günstiger.
- Tip: Bei der Maskeneinleitung empfiehlt es sich primär eine etwas größere Maske zu wählen als später für die Maskenbeatmung erforderlich ist (Engegefühl!). Ferner sollten möglichst keine schwarzen Masken benutzt werden (Angst)!

Laryngeale Masken

- Für Kinder in der Größe 2 (ab 3 – 5 Jahre).

Guedel-Tuben

- 000, 00, 0, 1, 2 sollten bereitliegen.

Wendl-Tuben

- Kleine Größen sollten bereitliegen.

Laryngoskop

- Kleiner Griff.
- Spatel Gr. 1/2 Macintosh.
- Spatel gerade 1/2 nach Foregger oder Salig.
- Da die Verbindungslinie Mundöffnung – Larynx wesentlich gestreckter verläuft als beim Erwachsenen, läßt sich der Kehlkopfeingang unter Umständen mit einem geraden Spatel leichter darstellen.

Magill-Zange

- Kleine Größen.
- Wird v. a. zur nasalen Intubation gebraucht.

Tuben

- Gewebeverträglich, thermosensibel, transparent.
- Schwarze Spitze
  - Begründung: Schwarze Spitze sollte gerade unterhalb der Glottis verschwinden → Tubusspitze liegt jetzt ca. 2 cm oberhalb der Carina → richtige Positionierung.
- Als Gleitmittel NaCl 0,9% oder Glandosane-Spray verwenden.
- Für Standardeingriffe in der Kinderchirurgie benutzen wir Magill-Tuben zur oralen Intubation.
- In den Fachabteilungen HNO, MKG, Augenklinik werden die dort üblichen Spezialtuben benutzt.
- Formeln zur Berechnung der Tubusgröße:
  - Formel nach Cole
    - (Alter in Jahren + 18 – 2) : 4 = ID in mm.
  - Formel nach Penlington
    - (Alter in Jahren : 3) + 3,5 (< 6 Jahre) = ID in mm,
    - (Alter in Jahren : 4) + 4,5 (> 6 Jahre) = ID in mm.
- Achtung! Neben dem Tubus der errechneten Größe sollte grundsätzlich der nächst größere und der nächst kleinere Tubus bereitliegen!
  - Bis zum Alter von 6 – 10 Jahren sollte auf die Anwendung von Blockmanschetten bzw. auf das Aufblocken der Cuffs verzichtet werden. **Begründung:** Kinder haben enge Luftwege und dadurch hohe Atemwegswiderstände → Gefahr der Anschwellung der Trachealwand nach Extubation aufgrund der Reizung durch einen geblockten Cuff oder zu großen Tubus,
  - sofern die Beatmung gesichert ist, darf etwas Luft neben dem Tubus entweichen,
  - bei Operationen im HNO-, MKG- oder Augenbereich, bei denen z. B. Blut im Rachen herunterlaufen kann, wird entweder der Rachen abgestopft oder ausnahmsweise ein Tubus mit Cuff verwandt,
  - bei Kindern mit Ileus besteht erhöhte Aspirationsgefahr → Verwendung von Tuben, die geblockt werden können (ab 3,5 mm ID vorhanden).

- Fixierung nach oraler Intubation mit Magill-Tuben bei Kindern, die noch keine Zähne haben:

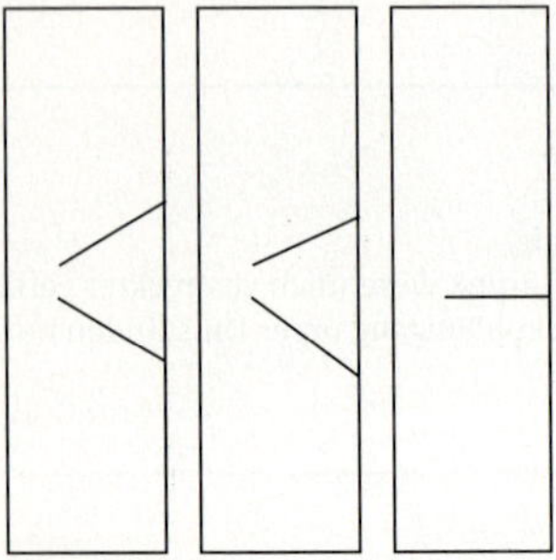

3 breite braune Pflasterstreifen wie links gezeichnet einschneiden.
1. Parallel zur Unterlippe kleben und eingekerbten Teil um den Tubus kleben,
2. parallel der Oberlippe kleben und ebenfalls eingekerbten Teil um den Tubus kleben,
3. parallel der Unterlippe kleben und eingeschnittene Stelle rechts und links neben dem Tubus ankleben.

- Haben die Kinder bereits Zähne, erfolgt die Fixierung der Tuben mit „Lolly" und Bändchen wie an der Klinik üblich.
- In den Fachabteilungen HNO, MKG oder Augenklinik erfolgt die Fixierung der Tuben auf die im Standardkatalog bereits beschriebene Weise.
- Kindertuben sollten (wenn möglich) aufgrund der Gefahr einer Trachealwandläsion möglichst ohne Führungsstab gelegt werden (obwohl die Spitze flexibel ist)! → passenden Führungsstab bereitlegen (Notfall!).
- Tip: für die Tuben der Größen 2,0 – 2,5 gibt es sogenannte Satin-Slips (sehr kleine Führungsstäbe mit flexibler Spitze / kein Einmalmaterial / Silikonisierung erforderlich).

Absaugkatheter

- 6, 8, 10 Ch.
- Zum evtl. erforderlichen endotrachealen Absaugen.
- Zum Absaugen der Luft aus dem Magen.
  - Begründung: Bei der Maskenbeatmung (v. a. mit Kuhn-System) gelangt häufig Luft in den Magen des Kindes; diese sollte nach erfolgter Intubation abgesaugt werden; sonst kann es postoperativ zu Übelkeit und / oder Erbrechen kommen → Gefahr der Aspiration! → Aspirationsgefahr besteht auch intraoperativ, falls der Tubus die Trachea nicht vollständig abdichtet!

Magensonden

- 6 u. 8 Ch. einlumig.
- 10 Ch. doppellumig.
- Lassen sich meist ohne Zuhilfenahme der Magillzange legen.

Blasenkatheter

- 6, 8, 10 Ch.
- Werden in der Kinderchirurgie selten gebraucht.
- Blasenkatheter blocken wie es auf dem Katheter vermerkt ist.
- Adapter erforderlich, da die kleinen Katheter sich nicht an das Curity-System anschließen lassen (liegen im Schrank in den Kindereinleitungen).

- Oftmals ist es ausreichend und auch günstiger, aufklebbare Auffangbeutel zu benutzen, denn auch sie ermöglichen eine Bilanzierung (Skala ist aufgedruckt).
- Sollte ein Blasenkatheter benötigt werden, jedoch selbst ein Katheter der Größe 6 Ch. zu groß sein, so kann man sich u. U. mit einer dünnen Magensonde helfen.

Temperatur-Sonden

- Rektal oder ösophageal.
- Alle Kinder bekommen eine Temperatur-Sonde (auch bei kurzen Eingriffen).
- Zur Erkennung einer Auskühlung, einer Überwärmung in Folge Wärmestauung, metabolischer Störungen oder Ausbildung einer „Malignen Hyperthermie".
- Spezielle (sehr dünne) Säuglings-Temperatursonden.

Präkordiales Stethoskop

- sollte im OP in jeder Kinder-Einleitung vorhanden sein.
- Fixierung (nach der Intubation) mittels Pflaster auf dem Thorax des Kindes, so daß jederzeit Herztöne und Atemgeräusche abgehört werden können.
- Bei Operationen, die länger als eine halbe Stunde dauern (oder aus anderer Indikation).

Ösophagusstethoskop

- Anwendung, wenn Plazierung eines präkordialen Stethoskopes nicht möglich.
- Wird transnasal in den Ösophagus vorgeschoben, mit dem Stethoskopschlauch verbunden und erfüllt den gleichen Zweck wie das präkordiale Stethoskop.
- Läßt sich meist ohne Magillzange legen.

Lagerungsmaterial

- Kopfring aus Rolta-Watte oder Rolle aus grünen Tüchern.
  - Begründung: Der relativ große Kopf ist oft schwierig stabil zu lagern, v.a. beim Halten der Maske oder beim Legen eines ZVK.
- Intraoperativ, wenn möglich, Kopf auf die Seite legen → größere Stabilität.

Venöse Zugänge

- Peripher-venöse Zugänge:
  - 26 G Abbocath,
  - 24 G Insyte (Fa. Becton-Dickinson),
  - 22 G Insyte,
  - 20 G Insyte.
  - Punktionsorte:
    - Handrücken,
    - Handgelenkinnenseite,
    - Fußrücken,
    - V. saphena (Innenknöchel),
    - Kopfvenen,
    - Ellenbeuge → Vorsicht! → Gefahr der versehentlichen arteriellen Punktion!

- Extensionssets für venöse Zugänge:
  - Damit 3-Wegehahn nicht direkt an den venösen Zugang angeschlossen werden muß → zu großes Gewicht, schlechte Handhabung, Instabilität.
- Zentral-venöse Zugänge:
  - Careflow-Katheter 18 G 3lumig oder 1lumig (Fa. Becton-Dickinson) (zur Punktion der V. subclavia oder jugularis interna),
  - Careflow-Katheter 22 G 1lumig (Fa. Becton-Dickinson),
  - für Kinder bis ca. 10 kg KG geeignet,
  - Lochtuch, Kompressen und sterile Handschuhe zusätzlich bereitlegen.
  - Cavafix-Katheter (Fa. Braun): 134, 255, 275 für größere Kinder (> 10 kg KG).

Arterielle Zugänge

- 24 G Insyte (A. radialis),
- 22 G Careflow (A. femoralis),
- Ferner besteht die Möglichkeit mit Hilfe eines 22 G Punktionsbestecks der Fa. Arrow (mit Seldinger-Draht) die A. femoralis zu punktieren.

Material für Laborbestimmungen

- Für die Blutentnahmen in der Kinderanästhesie gibt es Kapillarröhrchen.
- Blutentnahme aus Ohrläppchen, Fingerbeere oder Ferse.
- Ferner gibt es spezielle Säuglingsmonovetten.
- Ziel ist, die Blutverluste aufgrund von Blutentnahmen so gering wie möglich zu halten, denn v. a. bei längeren Operationen müssen BGA/HK/Hb und BZ kontrolliert werden.

Zubehör für Transfusionen

- Es stehen spezielle Kinderblutfilter zur Verfügung, mit entsprechend kleinem Volumen (z. B. Fa. Becton-Dickinson). Diese sollten v. a. für geachtelte Erythrozytenkonzentrate (25 ml Inhalt) benutzt werden, weil sonst der Beutel bereits leer ist, wenn der Filter gerade gefüllt ist.
- Anwendung:
  - Anstechdorn mit Blutfilter verbinden,
  - 3-Wegehahn an das andere Ende des Blutfilters anschließen,
  - Erythrozytenkonzentrat mit dem so vorbereiteten System anstechen,
  - in üblicher Weise füllen, mit Hilfe des 3-Wegehahnes an den venösen Zugang anschließen,
  - Blut mittels Spritze aspirieren und milliliterweise in den venösen Zugang injizieren.

Medikamente

- In gleicher Konzentration wie bei Erwachsenen (**Ausnahme:** Kinder unter 1000 g; mit dem Arzt besprechen, ob ein weiteres Verdünnen der Medikamente sinnvoll ist).
- Spritzengröße ändern.
- Tuberkulinspritzen oder 2-ml-Spritzen.
- NaCl 0,9% zusätzlich in die Medikamenten-Schale legen: → manche Medikamente (v. a. Succinylcholin) fällen mit der bei uns gebräuchlichen Päd-II-Infusion aus → Vor- und Nachinjektion von NaCl 0,9% erforderlich.
- Relaxierung:
  - Z. B. mit Norcuron,
  - während der Operation Zufuhr volatiler Anästhetika → intraoperativ ist eine Relaxierung nur ausnahmsweise erforderlich,
  - Anwendung von Succinylcholin nur in Ausnahmefällen: Crush-Einleitung, zu erwartende schwierige Intubation, Laryngospasmus,
  - Präcurarisierung mit Alloferin oder Norcuron ist ab dem 1. bis 2. Lebensjahr erforderlich!
  - Vorher geht man davon aus, daß es ohne Präcurarisierung postopertiv nicht zu Muskelkater kommt.
- Narkosetablett für ein Kind:
  - Atropin,
  - Trapanal (ca. 5–7 mg/kg KG),
  - Norcuron (0,1 mg/kg KG/verdünnt aufziehen: 1 ml = 1 mg,
  - NaCl 0,9% (5 ml oder 10 ml Spritze),
  - NaCl 0,9% + Extensionsset + 3-Wegehahn (zum Anschließen an den venösen Zugang),
  - Succinylcholin sollte für den Notfall aufgezogen im Kühlschrank liegen!

Infusionsgabe

- Halb-Elektrolytlösung oder Zwei-Drittel-Elektrolytlösung mit Glukose (→ Energiezufuhr) z. B. Pädiafusin II.
  - Geschätzter Flüssigkeitsbedarf (Erhaltungsbedarf):
    - für die ersten 10 kg KG → 4 ml / kg KG / h,
    - für die zweiten 10 kg KG → 2 ml / kg KG / h,
    - für jedes weitere Kilo → 1 ml / kg KG / h,
    - Defizite müssen darüber hinaus ersetzt werden!
- Für die Praxis bedeutet das:
  - Kinder bis zu einem Körpergewicht von 5 kg bekommen Päd II über einen Perfusor.
  - Kinder bis zu einem Körpergewicht von 10 kg bekommen Päd II (250 ml) als Infusion mit einem Dial-a-flow.
  - Kinder mit einem Gewicht über 10 kg bekommen Päd II als Infusion gewöhnlich ohne Dial-a-flow (evtl. auch 500-ml-Flasche verwenden),
  - ab 13. – 14. Lebensjahr mit entsprechendem Gewicht kann auch Ringerlactat gegeben werden.

Kuhn-System (Spül-Gas-System)

- Halboffenes System ohne Ventile:
  - Frischgasflow muß das 2–3fache des AMV betragen um Rückatmung von CO_2 zu verhindern,
  - 6 l Frischgasflow (im Allgemeinen ausreichend),
  - zur Narkosegasabsaugung kann ein Überwurfbeutel angeschlossen werden → Einschränkung der Handlichkeit des Systems,
  - Anwendung des Kuhn-Systems bei Kindern bis max. 20 kg KG möglich → aber nicht unbedingt empfehlenswert (Nachteile s. u.),
  - möglichst nur bei kurzen Eingriffen bzw. zur Narkoseeinleitung und/oder Narkoseausleitung benutzen.
- Achtung!
  - Schraubverbindung zwischen Frischgasleitung und Kuhn-System auf Dichtigkeit prüfen!
  - Maskenansatz des Kuhn-Systems auf Lösbarkeit für Tubusansatz prüfen!
- Funktionsweise bei Spontanatmung:
  - Während der Inspiration strömt Frischgas aus der Frischgasleitung über ein Rohr im Maskenkrümmer in die Atemmaske oder den Tubus,
  - während der Exspiration gelangt das ausgeatmete Gas zusammen mit frisch zuströmendem Gas über den Faltenschlauch in den 500-ml-Atembeutel und entweicht teilweise über ein Loch in der Mitte des Beutels.
- Wichtig!
  - Kuhn-System in der Nähe des Kopfes anbringen, so daß man Exkursionen des Beutels gut erkennen kann und das Auslaßloch immer oben liegt!
  - Es muß jederzeit Zugriffsmöglichkeit bestehen!
- Funktionsweise bei manueller Beatmung:
  - Das Auslaßloch des Atembeutels wird während der Inspiration mit dem Daumen verschlossen und der Beutel leicht komprimiert,
  - während der Exspiration muß das Loch wieder freigegeben werden! (Cave: Pneumothorax).
- Vorteile des Kuhn-Systems:
  - Minimaler Totraum,
  - geringer Atemwiderstand,
  - keine beweglichen Teile, daher keine Funktionsstörungen,
  - einfache Handhabung,
  - einfache Reinigung und Sterilisation.
- Nachteile des Kuhn-Systems:
  - Hoher Frischgasverbrauch,
  - trockene kalte Atemgase (keine Anwärmung und Anfeuchtung),
  - Abfluß der Anästhetika in die Umgebung (ohne Überbeutel),
  - Maskenkrümmer ist schwer!
  - Keine Atemgaskontrolle (z. B. $EECO_2$),
  - keine Beatmungsdruckkontrolle,
  - AF wird häufig zu hoch gewählt,
  - Tip: Ventilog auf gewünschte Frequenz einstellen und sich daran mit der manuellen Beatmung orientieren.
    - Für längere Eingriffe besser ein System benutzen, welches kontrollierte Ventilation erlaubt.

- Wichtig!
  - Nachdem mit Kuhn-System gearbeitet wurde, muß die Frischgaszuleitung sicher an das Kreisteil angeschlossen werden!

Ulmer Narkoseset

- Für die pädiatrische Anästhesie modifiziertes halbgeschlossenes Erwachsenenkreissystem mit speziellen Kinderschläuchen und Endstücken (kein Einmalmaterial):
  - Latexspiralschläuche (schwarz / 10,5 mm ID), relativ starr, geringes Volumen,
  - geringer Totraum (beginnt am Endstück dort, wo In- und Exspirationsschenkel gemeinsam verlaufen),
  - gerader und gebogener Konnektor wahlweise vorhanden,
  - wir benutzen in der Regel Kinderplastikschläuche (Einmalmaterial),
  - Kindervolumeter (bis 500 ml) wird in das Kreisteil eingebaut,
  - kleiner Beatmungsbalg (bis 220 ml Hubvolumen) wird in den Ventilog eingesetzt,
  - Kinder-Handbeatmungsbeutel (500 ml) wird an das Kreisteil angeschlossen.
- Wichtig!
  - Bei Kindernarkosen nicht schwarzen Umschalthebel links am Ende des Kreisteils in die Position „geschlossen“ bringen! Nach oben gestellt lassen und am Überdruckventil Grenze für oberen Beatmungsdruck (z. B.: 20 mbar) einstellen! → Schutz vor Barotrauma!
- Beachte!
  - Der Sulla eignet sich nicht besonders gut für Kinder unter 5 kg KG. Manche Sulla-Geräte bieten auch nicht die Möglichkeit RL/O_2 zu mischen, sondern nur N_2O/O_2 (problematisch z. B. bei Kindern mit Ileus) oder O_2 pur (Gefahr der retrolentalen Fibroplasie).

Servo D

- Spezielles Narkosegerät in der Kinderanästhesie.
- Besonders geeignet für lange Kindernarkosen.
- Halboffenes System → kein CO_2-Absorber erforderlich.
- Möglichkeit Kuhn-System anzuschließen + Handbeatmung möglich.
- Vapore arbeiten nach dem Venturiprinzip (s. Gerätekunde).
- Aquapor zur Anfeuchtung und Erwärmung der Inspirationsluft vorhanden.
- Wahlweise N_2O/O_2 oder RL/O_2 (Umstellungsmöglichkeit s. Gerätekunde).
- Vorteil:
  - Anwärmung und Anfeuchtung der Atemgase effektiver als beim Sulla, da Aquapor vorhanden.
- Praktische Hinweise:
  - Atemkalkwechsel am Sulla nach Bedarf (bisweilen wird nur mit Kuhn-System gearbeitet),
  - Sterilisation des Kreisteiles wie üblich,
  - Servo D wird alle 14 Tage zur Reinigung und Sterilisation in die Anästhesiegeräteaufbereitung geschickt! (Ausnahme: Infektion).

- Im Prinzip verläuft die Narkoseeinleitung bei Kindern nicht anders als bei Erwachsenen.
- Vorsicht mit Luftblasen in Spritzen oder Infusionsleitungen!
- Kinder haben eine geringere Toleranz gegenüber O_2-Mangel als Erwachsene.

Einleitungsformen

- Intravenös mit einem kurzwirksamen Barbiturat (z. B. Trapanal)/oder mit Ketanest.
  - Vorteil:
    - Sicheres Verfahren, schnelles Einschlafen des Kindes.
  - Nachteil:
    - Venenpunktion am wachen Kind notwendig, ggf. technisch schwierig.
- Intramuskulär mit Ketamin (Ketanest).
  - Vorteil:
    - Bei unkooperativen Kindern gut durchführbar (wird bei uns sehr selten angewandt).
  - Nachteil:
    - Kein i. v.-Zugang bei Zwischenfällen während der Narkoseeinleitung.
- Per inhalationem (z. B. mit Halothan).
  - Vorteil:
    - Bei unkooperativen Kindern und fehlendem i. v.-Zugang möglich.
  - Nachteil:
    - Evtl. größerer Zeitaufwand,
    - Gefahr eines Laryngospasmus,
    - kein i. v.-Zugang bei Zwischenfällen während der Narkoseeinleitung.
- Rektal (z. B. mit Dormicum oder mit einem Barbiturat).
  - Vorteil:
    - Schonende Einleitung möglich.
  - Nachteil:
    - Größerer Zeitaufwand,
    - unsichere Resorption,
    - kann abführend wirken,
    - u. U. lange Nachschlafphase,
    - kein i. v.-Zugang bei Zwischenfällen während der Narkoseeinleitung,
    - längere postoperative Überwachung erforderlich.
- Wenn der Eingriff nicht lange dauert (bis 30 Min.) sollte das Kind bereits in der Einleitung ein Benuron Supp. (ca. 20 mg/kg KG) erhalten, damit es postoperativ keine Schmerzen hat!
  - Säuglinge: 125 mg,
  - bis 6 Jahre: 250 mg,
  - ab 6 Jahre: 500 mg.

Narkosedurchführung und Beatmung

- Die Schläuche und Kabel werden nach der endgültigen Lagerung des Kindes auf dem Operationstisch mit Pflaster fixiert.
- Es sollte bei Kindern bis zu 10 kg KG immer ein komplettes Narkoseset mit Medikamenten, Tubus und Laryngoskop mit in den Saal gegeben werden (z. B. für den Fall einer versehentlichen Extubation oder Laryngospasmus).
- Die Narkoseführung richtet sich nach den individuellen Bedürfnissen des Kindes.
- Als Richtwerte müssen die altersentsprechenden Vitalparameter beachtet werden.
- Bei längeren Narkosen ist die Kontrolle der Beatmung durch eine Blutgasanalyse zu empfehlen.
- Weitere Kontrollmöglichkeiten:
  - Auskultation mit präkordialem Stethoskop,
  - Inspektion (Zyanose, Blutfarbe im Operationsgebiet),
  - Pulsoximetrie,
  - PCO_2-Messung (Capnolog-Einsatz ab ca. 25 kg KG empfehlenswert, da großer Totraum und relativ hohes Gewicht der Küvette / bei Kindern mit niedrigerem Gewicht andere Geräte benutzen; s. u.).
- Verbindliche Tabellen für die Einstellung der Beatmungswerte bei Kindern lassen sich nicht angeben. Die folgenden Angaben stellen Richtwerte dar:
  - Atemfrequenz: Säuglinge: 30/min, Kleinkinder: 24/min, Schulkinder: 16/min,
  - Atemzeitverhältnis: (I : E): 1 : 1 oder 1 : 1,5 oder 1 : 2,
  - angestrebter paO_2: 80 – 100 mmHg,
  - Inspirationsdruck: bis ca. 20 cm H_2O maximal.

Maßnahmen und Geräte zur Konstanterhaltung der Körpertemperatur

- Erhöhung der Raumtemperatur bis zu 25 °C gegen Auskühlung.
- Anwärmen des Atemgasgemisches im Inspirationsschenkel.
- Vermeidung der Zufuhr kalter Infusionslösungen.
- Einwickeln des Kindes in Tücher als Schutz vor Wärmeentzug durch Verdunstung (Cave: Wärmestau).
- Lagerung auf beheizbaren Operationstischen.
- Verwendung von Wärmelampen (ausreichend Abstand zur Wärmequelle einhalten!).
- Einsatz von speziellen Wärmegeräten (z. B. „Bair-Hugger“).
- Bei Überwärmung gilt das Gegenteil + evtl. Gabe von Antipyretika (z. B. Benuron Supp).

Narkoseausleitung

- Kinder werden **immer** im Saal ausgeleitet (größere Sicherheit)!
- Es muß **immer** eine Pflegekraft dabei sein.
- Kinder neigen z. B. eher zu Broncho- oder Laryngospasmen als Erwachsene.
- Voraussetzungen zur Extubation:
  - Stabile Herz-Kreislauffunktion,
  - Körpertemperatur im Normbereich,
  - ausreichende Spontanatmung unter Raumluft,
  - intakte Schutzreflexe.
- Ablauf der Narkoseausleitung:
  - Mund-Rachenraum mit weichem, ausreichend dickem Absaugkatheter absaugen, ggf. auch Ösophagus / Magen,
  - i. v.-Zugang überprüfen,
  - Intubationsbesteck auf Vollständigkeit und Funktion überprüfen (mit Notfalltubus),
  - wenn die Spontanatmung suffizient ist, unter gleichzeitigem Blähen der Lunge extubieren (der erste Atemzyklus beginnt dann mit einer Exspiration, so daß Sekret aus den Atemwegen herausbefördert wird und nicht hinein),
  - bei Extubation nicht tracheal absaugen → Gefahr eines Laryngospasmus, (wegen Schleimhautreizung), Atelektasenbildung,
  - wenn möglich, Kind in stabile Seitenlage bringen,
  - Patienten erst aus dem Operationssaal abgeben, wenn die Spontanatmung über einige Minuten stabil ist,
  - Übergabe an den Aufwachraum in ein vorgewärmtes Bett.

Aufwachraum

- EKG.
- Pulsoximeter.
- Atemfrequenzmonitoring, v. a. bei Frühgeborenen.
- Evtl. Temp.- und RR-Messung.
- Evtl. Kuhn-System bereithalten sowie Tubus und Medikamente zur Re-Intubation.
- Wenn möglich und nicht anders verordnet, Kind in Seitenlage bringen.
- Bettgitter!
- V. a. Neugeborene und Säuglinge anziehen und zudecken.
- Pampers! Schnuller!
- Wärmedecke / Wärmelampe (Cave: Verbrennungen!).
- Wenn möglich: Kind auf den Arm nehmen.
- Zugänge sichern und Durchgängigkeit überprüfen! (die dünnen Nadeln knicken recht schnell ab oder verstopfen, v. a. wenn die Infusion abgestellt ist.
- Analgesie nach Anordnung.
- Verlegung zur Station:
  - Wenn die Kinder wach sind, altersentsprechend reagieren und atem- sowie kreislaufstabil sind.

Capnomac

- Atemgasanalysegerät.
- Für dieses Gerät gibt es für kleinere Tuben (Größe 2–4,5) spezielle weiße Tubuskonnektoren (kein Einmalmaterial), die anstelle des blauen in der Verpackung enthaltenen Konnektors auf den Tubus gesteckt werden und mit der Meßschlauchleitung verschraubt werden können. Normalerweise befindet sich am Ende dieser Leitung ein Metallkonus; dieser hat jedoch einen für kleine Kinder zu großen Totraum. Nach Gebrauch die weißen Tubuskonnektoren in Gigasept desinfizieren und anschließend wieder in die Schublade unter dem Narkosegerät legen.

Nellcor PM 8050

- Diese Geräte ermöglichen CO_2-Messung, Narkosegasmessung und Pulsoximetrie.
  - Es gibt Adapter für Kleinkinder und Erwachsene (kein Einmalmaterial → nach Benutzung in Gigasept desinfizieren und wieder in den Saal legen),
  - für die Pulsoximetrie gibt es ebenfalls verschiedene Sensoren.
- Der PM 8050 besitzt wie der Capnomac verschiedene weiße Konnektoren für die Kindertuben und ermöglicht neben der Atemgasanalyse auch die pulsoximetrische Messung der SaO_2.
  - Das Gerät muß vor der Anwendung am Patienten kalibriert werden.

Ösophagusstethoskope mit integrierter Temperatursonde

- Bei längeren Operationen sinnvoll.
- Spezielles Temperatur-Kabel erforderlich; relativ teuer.
- Anwendung, wenn sonstige Methoden nicht sinnvoll bzw. nicht möglich sind.

Inkubator

- Bitte nach der Narkoseeinleitung an die Steckdose anschließen (zur Vorwärmung für Aufwachraum).

Narkoseprotokoll

- Dokumentation ärztlicher Befunde und Tätigkeiten sowie pflegerischer Tätigkeiten.
- Es besteht eine Dokumentationspflicht für die prä-, intra- und postoperative Phase.

Anforderungen an eine Dokumentation

- Einhaltung von Normen.
- Präzision / Eindeutigkeit.
- Zeitgenauigkeit.
- Lesbarkeit / Übersichtlichkeit.
- Eindeutigkeit bzw. Nachvollziehbarkeit (auch für Laien).
- Differenzierbarkeit zwischen Anordnungsdokumentation (Arzt) und Durchführungsdokumentation (Pflegekraft).
- Vollständigkeit.

Aufgaben der Dokumentation

- Prozeßsicherung.
- Kontrolle forensischer Risiken.
- Nachweis, daß den Sorgfaltspflichten nachgekommen wurde.
- Kommunikationsmittel für Anästhesist und Anästhesiepflegekraft sowie Pflegepersonal und Ärzte der Station.
- Nachweis erbrachter medizinischer Leistungen.
- Nachweis erbrachter pflegerischer Leistungen (Pflegequalität).
- Rechenschaftsbericht für den Patienten.

Aufbau des Narkoseprotokolls

- Gesamtgröße von 59,9 mal 29,7 cm / zweifach vorgefaltet auf DIN-A-4-Format.
- Selbstdurchschreibendes Papier mit zwei Durchschriften → ein Exemplar für das Archiv der Klinik, ein Exemplar für die Privatliquidation, ein Exemplar für die Krankenakte sofort bei der Verlegung des Patienten aus dem Aufwachraum.
- Unterteilung in drei Abschnitte (Präanästhetische Visite, Anästhesie-Durchführung, Übergabe- und Aufwachraum-Protokoll).
- Prämedikations-Visite:
  - Raum für Patientenaufkleber und administrative Daten.
  - Feld für präoperative Diagnose und geplanten Eingriff.
  - Bereich für präoperative Befunde, z. B.: Laborwerte, klinische und apparative Befunde der wichtigsten Organsysteme.
  - Einteilung in ASA-Klasse.
  - Feld für Prämedikation (Anordnung und Durchführung).
- Anästhesie-Durchführung:
  - Eintragen von: Anästhesie-Methode, Lagerung des Patienten, Hilfsmittel zur Einleitung der Narkose: Ort und Art der Punktionen, Material und Art der Intubation, verwendete Maske, spezielle Katheter und Tuben, Parameter der Beatmung,
  - Feld für perioperative Leistungsdokumentation mittels Ankreuzverfahren (z. B. Konsil, Untersuchung, Intubationsnarkose, Monitoring, Laborleistungen),

- Zeilen zum Eintragen des/der Namen des/der Anästhesisten/innen und der Pflegekraft (im Verlauf der Zeitachse),
- Feld zur Erfassung intraoperativ erhobener Laborwerte,
- Raum für Anmerkungen (z. B. schwierige Intubation),
- Protokollierung des Anästhesieverlaufes selbst:
  - Verwendete Medikamente, Infusionen, Transfusionen, Herz-Kreislauf- und Beatmungsparameter (im Verlauf der Zeitachse),
  - Symbole für Beginn und Ende der Anästhesie-Betreuungszeit, In-, Um- oder Extubation, Ende der Narkose-Einleitung sowie Operationsbeginn und Ende sind der Legende links auf dem Protokoll zu entnehmen und unter der horizontal verlaufenden Zeitachse einzutragen,
  - Raum zum Eintrag von Blutverlusten und Urinausscheidung,
  - Bereich zur Protokollierung der Flüssigkeitsbilanz, postoperativer Diagnose, verwendete Nasen-Rachen-Tuben, gelegte Drainagen, zusätzliche Anordnungen, Anästhesie- und Operationsdauer, Bewußtseinslage des Patienten, Schutzreflexe vor Verlegung des Patienten in den Aufwachraum oder auf eine Intensivtherapie- oder Observationsstation, weitere Befunde, Anmerkungen, Unterschrift des Arztes.

➤ Übergabe- und Aufwachraumprotokoll:
- Verordnungen für die postanästhetische Phase (bezüglich Monitoring, Röntgen- und Laboruntersuchungen, Beatmung bzw. Sauerstoffgabe, Medikamenten- und Infusionstherapie),
- Feld für die Beurteilung des Patienten vor der Verlegung aus dem Aufwachraum mit Empfehlungen an die Station sowie Unterschrift des Anästhesisten, der Anästhesiepflegekraft und der Pflegekraft der Station mit Angabe von Datum und Uhrzeit der Verlegung,
- Dokumentation der Aufwachphase des Patienten ist ähnlich der Dokumentation des Narkoseverlaufs (in Bezug auf Vitalparameter, Sauerstoffgabe, Medikamentenapplikation oder andere Maßnahmen),
- Feld für Pflegedokumentation im Aufwachraum mittels Ankreuzmethode (mit Angaben zu liegenden Kathetern, Verbänden, Kommunikation mit dem Patienten, Atmung und Kreislauf, Ernährung, Ausscheidung, Körperpflege, Körpertemperatur, Bewegung, Sexualität, Schlaf, Pflegekategorie: Überwachung oder Behandlung),
- Feld zum Eintragen von Besonderheiten bei oder nach Anästhesie (z. B. Übelkeit, Erbrechen, Allergie).

Besonderheit

- Schwangere ab 21. SSW → Crush-Intubation.

Kürettage, Abortkürettage, Abrasio, instrumentelle Nachtastung

- Mögliche Narkoseformen:
  - Maske / Inhalationsanästhesie,
  - Maske / Propofol, Rapifen,
  - Laryngeale Maske,
  - (PDA), SPA mit 27 / 29 G-Nadel.
  - → Bitte mit dem zuständigen Anästhesisten absprechen!
- Achtung! Wenn Patientin nicht nüchtern: Crush-Intubation.
- Lagerung:
  - Steinschnittlage.
- Monitoring:
  - EKG, RR; bei ITN: $EECO_2$-Messung.
- Einmalkatheterisierung nach Narkoseeinleitung.

Cerclage

- Patientinnen sind meist nicht medikamentös prämediziert! → psychische Betreuung besonders wichtig!
- Mögliche Narkoseformen:
  - PDA, SPA 27 / 29 G-Nadel,
  - bis 20. SSW Maskennarkose möglich,
  - ab 21. SSW Crush-Intubation (an Natriumzitrat p. o. denken).
- Lagerung:
  - Steinschnittlage.
- Monitoring:
  - EKG, RR; bei ITN: $EECO_2$-Messung.
- Einmalkatheterisierung nach Narkoseeinleitung.

Hysteroskopie / Laparoskopie / Chromopertubation (HSK / LSK / Chromo)

- Operationsdauer ca. 1 Stunde.
- Narkose:
  - ITN oder balancierte Anästhesietechnik,
  - evtl. Propofol / Fentanyl nach Rücksprache.
- Einleitung:
  - Tubus,
  - Magensonde,
  - 1 peripher-venöser Zugang (z. B. 18 G) ist ausreichend,
  - Einmalkatheterisierung nach Narkoseeinleitung,
  - **wichtig:** ausreichende Relaxierung mit Norcuron,
  - falls Intervall zwischen Einleitung und LSK länger als 20 Min. → wiederholte Norcurongabe (1 mg),
  - bei Operationsbeginn bzw. Einführen der Trokare → manuelle Ventilation (um hohe Beatmungsdrücke durch Husten oder Pressen zu vermeiden).

- Lagerung:
  - Beine in Beinschalen,
  - modifizierte Steinschnittlage,
  - Schulterstützen,
  - während der LSK → Kopftieflage → Cave: Tubus kann in Hauptbronchus rutschen!
- Monitoring:
  - EKG, RR, $EECO_2$-Messung.
- Besonderheiten:
  - Iatrogenes Pneumoperitoneum mit erhöhten intraabdominellen Drücken, dabei Luftembolie möglich (selten); durch die intraabdominelle Druckerhöhung Verminderung des venösen Rückstroms mit konsekutivem RR-Abfall sowie Abnahme der FRC, Anstieg der Beatmungsdrücke; regelmäßig Resorption von zur LSK insuffliertem CO_2 → Anstieg des $EECO_2$.

Extrauteringravidität

- Vorgehen stark vom Ausmaß der Blutung und Zustand der Patientin abhängig!
- Narkose:
  - ITN bzw. balancierte Anästhesietechnik.
- Einleitung:
  - Bei Schocksymptomatik evtl. Einleitung mit Ketamin (1 – 2 mg/kg KG i.v.),
  - Magensonde,
  - Volumenersatztherapie und Zugänge je nach Blutverlust,
  - Einmalkatheterisierung nach Narkoseeinleitung.
- Lagerung:
  - Modifizierte Steinschnittlage, Schulterstützen.
- Monitoring:
  - EKG, RR, $EECO_2$, Temperatur, ggf. ZVD und Ausscheidung,
  - bei gegebener Indikation wiederholt Hb, HK, Elyte, Gerinnung und BGA → für genügend Eks sorgen!

Refertilisierungsoperation

- Narkose:
  - ITN als balancierte Anästhesie.
- Einleitung:
  - Magensonde,
  - längerer, jedoch wenig blutreicher Eingriff; daher ein peripher-venöser Zugang meist ausreichend,
  - Blasenkatheter nach Narkoseeinleitung.
- Lagerung:
  - Rückenlage, flach.
- Monitoring:
  - EKG, RR, $EECO_2$, Temperatur.

Vaginale Hysterektomie

- Narkose:
  - ITN als balancierte Anästhesie, alternativ PDA möglich.
- Einleitung:
  - 2 peripher-venöse Zugänge,
  - evtl. ZVK,
  - Einmalkatheterisierung nach Narkoseeinleitung (postoperativ evtl. suprapubischer BK).
- Lagerung:
  - Steinschnittlagerung mit Beinen in Hängeschlaufen.
- Monitoring:
  - EKG, RR, $EECO_2$, ggf. ZVD,
  - bei stärkeren Blutverlusten auch intraoperativ, sonst postoperativ Hb, HK-Kontrolle. → Es sollten Eks gekreuzt sein!
- Besonderheiten:
  - Bei Blut- und Flüssigkeitsverlusten intraoperativ evtl. Maskierung eines Flüssigkeitsdefizites mit RR-Abfall nach Rückführung in Flachlage durch Umverteilung des Blutvolumens zugunsten der unteren Extremitäten.

Abdominale Hysterektomie

- Narkose:
  - ITN als balancierte Anästhesie.
- Einleitung:
  - Magensonde,
  - 2 peripher-venöse (großlumige) Zugänge,
  - Indikation für ZVK und Arterie abhängig von Konstitution und Alter der Patientin (oft kardiovaskulär vorgeschädigte Patientinnen),
  - Blasenkatheter nach Narkoseeinleitung.
- Lagerung:
  - Beine in Beinschalen, modifizierte Steinschnittlage.
- Monitoring:
  - EKG, RR, $EECO_2$, Temperatur,
  - evtl. ZVD und arterielle RR-Messung,
  - Hb-, HK-Kontrollen je nach Blutverlust. → Es sollten Eks gekreuzt sein!

Wertheim-Meigs Operation

- Ausgedehnter Eingriff mit großen Blutverlusten.
- Narkose:
  - ITN als balancierte Anästhesie,
  - wenn möglich, in Kombination mit PDA.
- Einleitung:
  - 2–3 peripher-venöse Zugänge (großlumig),
  - arterielle Kanüle (nach Rücksprache),
  - ZVK,
  - Magensonde,
  - BVK.

- Weitere Vorbereitungen:
  - Evtl. Blutwärmer,
  - Wärmelampe/-Tisch,
  - evtl. Bair-Hugger (Wärmetherapiegerät),
  - an Testseren und Bedside-Testkarte denken.
- Monitoring:
  - EKG, RR-Messung (evtl. invasiv), ZVD, $EECO_2$, Temperatur, Urinausscheidung, wiederholt Laborwerte (Hb, HK, Elyte, BGA). → Es sollten Eks gekreuzt sein!
- Postoperativ:
  - Intensivobservation, evtl. Intensivtherapie,
  - mit dem zuständigen Anästhesisten absprechen!

Mamma-Reduktionsplastik

- Narkose:
  - ITN als balancierte Anästhesie.
- Einleitung:
  - EKG-Elektroden auf den Rücken kleben,
  - 2 großlumige Zugänge (hoher Blutverlust),
  - evtl. isovolämische Hämodilution,
  - evtl. ZVK (großzügige Indikationsstellung),
  - bei langer Operationsdauer: Legen eines Blasenkatheters.
- Lagerung:
  - Beine in Beinschalen,
  - modifizierte Steinschnittlage, da eine Assistenz zwischen den Beinen steht;
  - rechter und linker Arm werden um 90° abduziert ausgelagert (Cave: Schädigung des Plexus brachialis).
- Monitoring:
  - EKG, RR, $EECO_2$, ggf. ZVD, Temperatur,
  - intra- und postoperativ mehrfach Hb-, HK-Kontrolle. → Es sollten Eks gekreuzt sein! → An Testseren und Bedside-Testkarten denken.

Ablatio mammae

- Narkose:
  - ITN als balancierte Anästhesie.
- Einleitung:
  - EKG-Elektroden auf den Rücken kleben,
  - 2 großlumige peripher-venöse Zugänge,
  - ZVK nur bei speziellen Indikationen (nicht am Arm der Operationsseite).
- Lagerung:
  - Beide Arme 90° abduziert ausgelagert,
  - bei Ablatio beidseits modifizierte Steinschnittlage.
- Monitoring:
  - EKG, RR, $EECO_2$, Temperatur, evtl. ZVD,
  - intra- und postoperativ Hb-, HK-Kontrollen. → Eks sollten gekreuzt sein!

Korrekturoperationen, Prothesenimplantationen und Mamma-Probeentnahmen

- Narkose:
  - ITN/NLA,
  - bei kleineren Eingriffen auch Inhalationsnarkose,
  - evtl. Laryngeale Maske (nach Rücksprache).
- Einleitung:
  - EKG-Elektroden auf den Rücken kleben,
  - 1 peripher-venöser Zugang.
- Lagerung:
  - Modifizierte Steinschnittlage bei beidseitigen Operationen,
  - meist Arme um 90° abduziert ausgelagert.
- Monitoring:
  - EKG, RR, $EECO_2$.

- Die Sectio kann sowohl in rückenmarksnaher Regionalanästhesie (PDA oder Spinalanästhesie kombiniert mit PDA) als auch in Intubationsnarkose durchgeführt werden.
- Solange es sich um eine elektive Sectio handelt, keine Kontraindikationen bestehen und die Patientin zustimmt, wird ersteres vorgezogen. Bei einer Notsectio (z.B. Nabelschnurvorfall, Placenta praevia, kindliche Asphyxie, Blutung) bleibt jedoch nicht genügend Zeit, und es muß eine Intubationsnarkose durchgeführt werden.

Sectio in Intubationsnarkose

- Ruhe bewahren!
- Patientin auf dem Operationstisch in leichte Linksseitenlage und Oberkörperhochlage bringen (→ Vermeidung des Cava-Kompressions-Syndroms).
- Grundsätze der Crush-Intubation s. unter Ileus, S. 148 ff/hier jedoch normalerweise nicht vorher den Magen absaugen!
- Narkoseeinleitung:
  - Der Patientin Natriumcitrat zu trinken geben,
  - Operationssauger und Anästhesie-Absaugung stehen bereit,
  - Patientin an EKG-Monitor, Dinamap und Pulsoximeter anschließen,
  - Narkosegerät überprüfen,
  - Zugang legen, falls noch nicht vorhanden.
  - Patientin präoxygenieren:
    - Am besten der Patientin die Maske dicht aufsetzen und über das halboffene Kreisteil mit hohem Flow atmen lassen!
  - Crush-Intubation!
    - Einleitungsbeginn erst wenn Operationsgebiet desinfiziert und abgedeckt ist und die Operateure gewaschen am Tisch stehen!
  - **Achtung!** Schwangere Patientinnen benötigen normalerweise weniger Trapanal (3–4 mg/kg KG).
- Narkoseführung bis zur Entwicklung des Kindes:
  - Die Narkosezeit sollte so kurz wie möglich sein,
  - keine Gabe von Opiaten (Atemdepression beim Neugeborenen!),
  - Inspiratorischer O_2-Anteil mindestens 50%,
  - übliche Konzentration von Inhalationsanästhetika (z.B. Ethrane bis 1,0 Vol.%),
  - keine bis mäßige Hyperventilation (CO_2 endexpiratorisch: ca. 4,5%),
  - Handbeatmung! (maschinelle Beatmung senkt den uterinen Blutfluß).
- Narkoseführung ab Inzision des Uterus bis zum Abnabeln des Kindes:
  - Inspiratorischer O_2-Anteil 100%.
- Narkoseführung nach dem Abnabeln des Kindes:
  - Jetzt kann z.B. 0,1 mg Fentanyl gegeben werden,
  - die Patientin dann mit wenig! Norcuron (ca. 3 mg) relaxieren,
  - N_2O 70%/O_2 30%,
  - Medikamente zur Uteruskontraktion müssen gegeben werden (z.B. 3–6 I.E. Syntocinon i.v. und 9 I.E. in die laufende Ringer-Lactat).

Sectio in PDA

- Übliche Vorbereitung (mit der Möglichkeit zur Vollnarkose).
- Ausreichende Volumenzufuhr (z. B. 1 – 2 l Rilac).
- Patientin zur Punktion am besten in Linksseitenlage bringen; bei schwieriger Punktion sitzende Position (z. B. „Schneidersitz → für schwangere Patientinnen manchmal einfacher, als normales Sitzen im Bett).
- Beruhigende Ansprache.
- Bei Schwangeren sind die Periduralvenen stärker gefüllt und erweitert; der PD-Raum ist dadurch insgesamt verkleinert (theoretisch, manchmal auch praktisch ist dadurch der Bedarf an Lokalanästhetika verringert). Die Identifizierung des Periduralraumes ist in der Schwangerschaft erschwert, weil die Bänder der Wirbelsäule aufgelockert sind und sich bei der Widerstandsverlust-Methode die Kochsalzlösung meist relativ leicht injizieren läßt → Gefahr der Duraperforation erhöht! Außerdem ist der negative Druck im Periduralraum aus oben genannten Gründen meist aufgehoben.
  - Zur Sectio in PDA sind mindestens 15 – 20 ml Carbostesin 0,5% erforderlich,
  - angestrebte Anästhesiehöhe: Th 4 – 6,
  - wahlweise kann nach Abnabelung des Kindes auch eine Kombination von Carbostesin mit Fentanyl (bzw. Sufenta mite) gegeben werden,
  - Kreislaufüberwachung,
  - O_2-Gabe während der Sectio ist günstig,
  - evtl. Übelkeit kann mit Paspertin behandelt werden,
  - Patientin zum tiefen Durchatmen auffordern,
  - beruhigende Ansprache / Hektik vermeiden.
- Neben der isolierten PDA gibt es noch die Möglichkeit der kombinierten Spinal-PD-Anästhesie.
- Vorteil ist der schnellere Wirkungseintritt!
  - Vorgehen:
    - Tuohy-Nadel wird bis in den PD-Raum vorgeschoben,
    - 27 oder 29 G Spinalnadel wird durch die Tuohy-Nadel in den Spinalraum eingeführt,
    - Lokalanästhetikum wird injiziert (z. B. 1,8 – 2 ml Carbostesin 0,5% isobar),
    - Nadel wird wieder herausgezogen und PD-Katheter in den PD-Raum eingeführt,
    - schnelle Umlagerung erforderlich,
    - weiteres Procedere s. o. (Sectio in PDA).
- Achtung!
  - Bei dieser Form der Anästhesie haben die Patientinnen einen sehr hohen Volumenbedarf (am besten 1 l HÄS + 1 l Rilac vorlaufen lassen) → Gefahr starker RR-Abfälle → **Effortil bereitlegen!**

PDA zur vaginalen Entbindung

- Patientinnen, die eine PDA zur vaginalen Entbindung benötigen, muß man darauf aufmerksam machen, daß sie sich melden sollen, wenn eine Wehe kommt! → Unterbrechen des Punktionsvorganges erforderlich!
- Weiteres Vorgehen s. o.
- Niedrigere Dosierung des Carbostesins als zur Sectio.

Allgemeines

- Ausleitung möglichst im Saal (größere Sicherheit).
- Häufig „kleinere" Eingriffe, z. B.: Phimosen-Operationen, Leistenhernien, Leistenhoden, Appendektomien.
- Werden meist als ITN (überwiegend mit Halothan) durchgeführt, evtl. in Maskennarkose oder mit Laryngealer Maske (Gr. 2 und 3).
- 1 peripher-venöser Zugang ist ausreichend.
- EKG.
- RR.
- Pulsoximetrie.
- CO_2-Messung endexspiratorisch (bzw. Atemgasanalyse über Nellcor oder andere Geräte).
- Temperatur-Sonde.
- Benuron-Supp. bereits in der Einleitung geben, da die Eingriffe meist weniger als eine halbe Stunde dauern.
- Wenn abzusehen ist, daß die Operation länger als eine halbe Stunde dauert, präkordiales Stethoskop bzw. Ösophagusstethoskop.

Trichterbrustoperation bzw. Metallbügelentfernungen

- Operationsdauer ca. 2 Stunden.
- Einleitung:
  - ITN als balancierte Anästhesie,
  - 2 großlumige Zugänge,
  - Heidelberger-Verlängerungen benutzen, weil die Arme angelagert werden, und der Anästhesist während der Operation keine Zugangsmöglichkeit hat,
  - Blasenkatheter und Magensonde sind gewöhnlich nicht erforderlich,
  - ZVK normalerweise nicht erforderlich.
- Monitoring:
  - Temperatur-Sonde,
  - EKG,
  - RR,
  - Pulsoximetrie,
  - Atemgasanalyse,
  - Ösophagusstethoskop bei kleineren Kindern.
- Sonstiges:
  - Es müssen Eks gekreuzt sein!
  - Unbedingt daran denken und in den Kühlschrank der Einleitung legen!

Omphalozele und Gastroschisis

- Omphalozele:
  - Herniation der Baucheingeweide in die Basis der Nabelschnur → kugelförmige Vorwölbung nach außen,
  - Durchmesser bis zu etwa 20 cm,
  - darin befinden sich, eingeschlossen in einem dünnen Sack aus Peritoneum und Amnionmembran, Teile des Dünn- und Dickdarms,
  - Öffnung in der Bauchwand kann so groß wie die Omphalozele sein, oder auch erheblich kleiner.
- Gastroschisis:
  - Baucheingeweide sind nach außen vorgefallen,
  - bedeckende Membran fehlt,
  - Öffnung der Bauchwand befindet sich neben der Nabelschnur, d. h. die Nabelschnur ist unversehrt.
- Ziel der chirurgischen Behandlung von Omphalozele und Gastroschisis:
  - Zurückverlagerung der vorgefallenen Eingeweide in das Abdomen,
  - Verschluß des Defektes in der Bauchwand,
  - aufgrund der Entwicklung der Eingeweide außerhalb der Bauchhöhle → oft nicht ausreichend Platz für die Rückverlagerung vorhanden → bei großen Defekten können Muskel, Faszie und Haut nicht vollständig verschlossen werden → schrittweiser Verschluß erforderlich.
- Anästhesiologische Besonderheiten:
  - Wichtigste Probleme:
    - Wärme- und Flüssigkeitsverluste über die exponierten Eingeweide,
    - Störungen des Wasser- und Elektrolythaushaltes (wegen Transsudation von Flüssigkeit).
    - Intraoperativ: → Beeinträchtigung des venösen Rückstroms durch Kompression der Vena cava inferior bei der Rückverlagerung der Eingeweide.
    - Postoperativ: → Störungen bei der Atmung durch den Verschluß der Bauchwand.
- Praktische Vorbereitung:
  - ITN bzw. balancierte Anästhesietechnik (Tuberkulinspritzen),
  - NaCl 0,9% zum „Nachspülen",
  - Päd-II-Perfusor,
  - Wärmelampe / Wärmetisch / Bair-Hugger,
  - Kopfring aus Roltawatte,
  - evtl. Keilkissen (Lagerung zum ZVK-Legen),
  - Kuhn-System zur Einleitung,
  - Crush-Intubation (vorher MS legen und Magen absaugen; MS wieder herausziehen und nach Intubation neu legen),
  - Servo D als Narkosegerät,
  - möglichst 2 peripher-venöse Zugänge,
  - evtl. ZVK (Careflow-Katheter Fa. Becton Dickinson / 22 G),
  - EKG,
  - RR (Dinamap),
  - Pulsoximetrie (auch in der Einleitung),
  - Atemgasanalyse (z. B. Nellcor),
  - Temperatur-Sonde,

  - Magensonde,
  - Urinauffangbeutel (aufklebbar),
  - Ösophagusstethoskop (evtl. mit kombinierter Temperatur-Sonde).
- Achtung!
  - Die vorgefallenen Eingeweide werden mit sterilen Tüchern und Folie bedeckt! → Vorsicht beim Transport des Kindes!
  - Für Transfusionsblut sorgen!
  - Intraoperativ: BGA, HK, Elyte, BZ bestimmen,
  - die Narkose wird zumeist mit Halothan-O_2/Raumluft durchgeführt,
  - kein N_2O, um Erweiterung der Därme zu verhindern,
  - abgesehen vom Succinylcholin zur Intubation ist intraoperativ keine weitere Gabe von Muskelrelaxantien erforderlich; außerdem kann so die Bauchdeckenspannung beim Verschluß des Defektes besser beurteilt werden.
- Die Kinder werden direkt postoperativ beatmet auf die Kinder-Intensiv-Station verlegt. → Rechtzeitig anrufen!
- Arzt und Pflegekraft bringen einen Inkubator mit EKG, Pulsoximeter und Beatmungsmöglichkeit von der Intensivstation mit.
- Das Kind wird im Operationssaal in den Inkubator gelegt, und von Anästhesist und Pflegekraft aus dem Saal gefahren und an die Pädiater übergeben!

Kongenitale Zwerchfellhernie

- Verlagerung von Eingeweiden in den Thorax → respiratorische Insuffizienz und Verschiebung des Mediastinums.
- Lunge der betroffenen Seite ist hypoplastisch und bei der Geburt nicht entfaltet.
- Häufig Entwicklung eines Pneumothorax, von dem beide Lungen betroffen sein können.
- Begleitmißbildungen ebenfalls häufig vorhanden.
- Therapie: sofortiger operativer Verschluß des Zwerchfelldefektes.
- Vorbereitung:
  - ITN als balancierte Anästhesie (Tuberkulinspritzen),
  - NaCl 0,9% zum „Nachspülen"
  - Päd-II-Perfusor,
  - Wärmelampe / Wärmetisch,
  - Kopfring aus Roltawatte,
  - evtl. Keilkissen,
  - Servo D (im Saal),
  - Kuhn-System zur Einleitung,
  - ZVK (Careflow),
  - 2 peripher-venöse Zugänge,
  - evtl. arterielle Kanüle erforderlich,
  - Temperatur-Sonde,
  - Magensonde,
  - Urinauffangbeutel,
  - Ösophagusstethoskop,
  - EKG,
  - RR,
  - Pulsoximetrie,
  - Atemgasanalyse (z. B. Nellcor),
  - Crush-Intubation oder Wach-Intubation.

- Anästhesiologische Besonderheiten:
  - Kind mit etwas erhöhtem Oberkörper auf die betroffene Seite lagern,
  - Magensonde einführen und Magen absaugen,
  - Sauerstoffgabe,
  - bei respiratorischer Insuffizienz keine Maskenbeatmung, um eine weitere Ausdehnung der Eingeweide zu vermeiden,
  - endotracheale Intubation im Wachzustand (oder Crush?!), danach Narkoseeinleitung per inhalationem oder intravenös und ausreichende Relaxierung,
  - kein Lachgas zuführen,
  - intraoperativ wiederholte Laborkontrollen,
  - hohe Beatmungsdrücke vermeiden, um die hypoplastische und atelektatische Lunge vor Rückverlagerung der Eingeweide nicht aufzublähen.

Ösophagusatresie und tracheoösophageale Fistel

- Es gibt verschiedene Typen von Ösophagusatresien mit Fisteln.
- Der blind endende obere Ösophagus mit einer Fistel zwischen Trachea und distalem Ösophagus ist am häufigsten.
- Häufig Begleitmißbildungen vorhanden.
- Die chirurgische Korrektur erfolgt, je nach Anatomie des Defekts, einzeitig oder in mehreren Schritten.
- Anästhesiologische Besonderheiten:
  - Gefahr der pulmonalen Aspiration sowie die Verlegung der Atemwege durch operative Manipulation,
  - die endotracheale Intubation sollte im Wachzustand erfolgen,
  - der Tubus sollte möglichst über den Bereich der Fistel hinaus vorgeschoben werden,
  - nach Intubation Patient endotracheal absaugen,
  - manuelle Beatmung während der Narkose.
- Vorbereitung s.o.

Pylorusstenose

- Anästhesiologische Besonderheiten:
  - Narkoseeinleitung wie bei „vollem Magen",
  - gute Relaxation,
  - Extubation erst, wenn Kind wach, am besten in Seitenlage.
- Vorbereitung s.o.

Myelomeningozele und Meningozele

- S. S. 143/Neurochirurgie.

Besonderheiten

- Häufig isovolämische Hämodilution.
- Häufig Cell-Saver = IAT (intraoperative autologe Transfusion).
- Häufig schwierige Intubation.
- Bei Operationen in Bauchlage → Notfall-Operationstisch in der Ausleitung.
- Häufig besondere Lagerung.

Vorbereitung Cell-Saver

- 500 ml NaCl 0,9% Glasflasche + 15000 I.E. Liquemin.
- Auffangbehälter.
- Glocke.
- Operationsabsauger-Schlauch.
- 5000-ml-Beutel Spüllösung (NaCl 0,9%).

Vorbereitung isovolämische Hämodilution

- 2 großlumige venöse Kanülen.
- Hämodilutionsbeutel mit ACD-Stabilisator.
- Blaue Klemme.
- Federwaage.
- Durchstechstopfen.
- Stauschlauch.
- Schere.
- Metallklipse + Zange.
- HÄS-Infusion.
- Pflaster.
- Hämodilutionsbeutel mit entsprechenden Aufklebern versehen! (Patientenname, Geburtsdatum, Entnahmezeit bzw. Numerierung der Beutel, falls mehrere entnommen werden; Unterschrift des zuständigen Arztes)
  - Niemals direkt mit Kugelschreiber auf den Beutel schreiben!
- Hinweis:
  - Regionalanästhesieverfahren s. S. 31 f, 36 ff, 43 ff.

Totalendoprothese (Mecron-TEP, Charnley-TEP), TEP-Wechsel

- Vorbereitung:
  - ITN als balancierte Anästhesie,
  - PDA,
  - Magill-Tubus oral,
  - arterielle Kanüle,
  - ZVK,
  - Magensonde,
  - mehrere großlumige peripher-venöse Zugänge,
  - BVK,
  - Temperatur-Sonde, bzw. BVK + integrierte Temperatur-Sonde,
  - Blutwärmer,
  - Pulsoximetrie,
  - Wärmelampe,
  - Wärmetisch,

- Zubehör für Hämodilution,
- Cell-Saver (wenn keine Kontraindikation),
- „Bair-Hugger-System (Upper Body Cover).

➤ Einleitung:
- PDA:
  - Testdosis 3 ml Carbostesin 0,5% + Adrenalin,
  - Wirkdosis 8 – 10 ml Carbostesin 0,5% ohne Adrenalin,
  - Repetitionsdosis 2 stdl. 4 – 5 ml Carbostesin 0,5%.
- ITN (balancierte Anästhesie):
  - Trapanal, Fentanyl, DHB, Pancuronium.

➤ Lagerung:
- Meistens Seitenlage, selten Halbseitenlage oder Rückenlage.
- **Cave:** bei Seitenlage: PEEP 5 – 10 cm H_2O, regelmäßig stdl. die Lunge manuell blähen.

➤ Monitoring:
- EKG,
- invasive arterielle Blutdruckmessung,
- ZVD,
- SaO_2,
- $EECO_2$,
- Temperatur,
- Urinausscheidung,
- Blutverluste(!),
- Labor: Hb, HK, Elektrolyte, BGA, ggf. Quick, PTT, Thrombozyten.
- **Unbedingt nach Eks schauen!**
- Eigen-Eks und eigen-FFPs sind möglicherweise vorhanden,
- Bedside-Testkarten und Testseren mit in den Saal geben!

➤ Narkoseführung:
- Enfluran oder Isofluran, Dormicum, N_2O, Fentanyl,
- Analgesie über Periduralkatheter (rechtzeitige Repetition).
- **Cave!**
  - Große Volumenverluste und Temperaturabfall,
  - IAT (nicht bei Sepsis und Tumorpatienten), rechtzeitige Substitution von FFPs (1 FFP / 4 Eks – bei steigendem Blutverlust: 1 FFP / 1 Ek).

➤ Ausleitung:
- Im Gipsraum nach Röntgenkontrolle der TEP und Röntgen-Thorax,
- Extubation bei Körpertemperaur > 35 °C,
- evtl. Verlegung auf Intensiv-Therapie-Station erforderlich.

CD-Spondylodese, PLIF-Spondylodese (Spina bifida, Morbus Bechterew)

➤ Vorbereitung:
- ITN als balancierte Anästhesie oder TIVA mit Disoprivan 50 ml (Perfusorspritze) / 1 ml = 10 mg und 0,25 mg Sufenta (5 ml + 45 ml G 5% in Perfusorspritze) / 1 ml = 0,005 mg,
- Tubus oral (mit Pflaster fixieren; s. S. 17),
- Magensonde,
- BVK,
- arterielle Kanüle,
- ZVK,

- mehrere großlumige periphervenöse Zugänge,
- Temperatur-Sonde, bzw. BVK + integrierte Temperatur-Sonde,
- Wärmelampe,
- Blutwärmer,
- evtl. Hämodilution,
- Cell-Saver (wenn keine Kontraindikation),
- Pulsoximetrie,
- „Bair-Hugger-System (Lower-Body-Cover“ oder „Upper-body-Cover“ seitlich und unter den Thorax des Patienten plazieren).

➤ Einleitung:
- Fentanyl, DHB, Trapanal, Dormicum, Norcuron bzw. Pancuronium.
- Bei TIVA: Disoprivan, Sufenta, Pancuronium.
- **Cave:** M. Bechterew: fiberoptische Intubation bei Verdacht auf schwierige Intubation (z. B.: Bronchoskop Olympus BF 1 T 20 oder Olympus BF 30) / Fiberoptische Intubation s. S. 162 f.

➤ Lagerung:
- Bauchlage (s. S. 47 f) bzw. **„Relton frame“**:
  - Der Patient wird nach der Narkoseeinleitung in Bauchlage gebracht und im Thorax- und Beckenbereich auf Stützen so gelagert, daß der Bauch freiliegt,
  - der Kopf befindet sich in einer höhenverstellbaren Kopfstütze,
  - die Arme sind seitlich in Kopfrichtung auf Armlagerungsschienen gelagert,
  - eine Überstreckung des Fußgelenks wird durch eine Polsterrolle unter den Füßen verhindert.
- **„Hastings“:**
  - Der Patient wird nach der Narkoseeinleitung in eine Knie / Ellenbogenlage gebracht,
  - ein extrahohes, halbrundes Kissen unter dem Thorax entlastet die Arme, die in eine gutgepolsterte Schale gelagert werden; Abb.: s. S. 134.

➤ Bei beiden Lagerungen muß auf Volumenverschiebung geachtet werden.

➤ Monitoring:
- EKG,
- invasive arterielle Blutdruckmessung,
- ZVD,
- Temperatur,
- Urinausscheidung,
- SaO_2,
- $EECO_2$,
- größere Volumen- bzw. Blutverluste möglich!
- Labor: Hb, HK, Elektrolyte, BGA, Quick, PTT, Thrombozyten,
- Unbedingt nach Eks schauen!
- Bedside-Testkarten und Testseren mit in den Saal geben!

➤ Narkose:
- In der Regel wird ein EMG abgeleitet, deshalb NLA, Fentanyl, Dormicum, DHB oder TIVA (s. o.),
- keine volatilen Anästhetika,
- **Ausnahme:** evtl. Isofluran 0,2 – 0,3 Vol.%.

➤ Aufwachprobe:
- Ca. 30 min vorher darf kein Fentanyl oder Dormicum gegeben werden; kurz bevor Patient wach wird: 100% O_2 (Spontanatmung, RR-Anstieg, Tachykardie),

- Aufforderung, die Arme und Beine zu bewegen; wenn positiv, sofort 20 mg Hypnomidate und Fortführen der Narkose; jetzt Gabe volatiler Anästhetika möglich.
- Bei TIVA: ca. 45 Min. vorher Sufenta-Perfusor abstellen und ca. 15 Min. vorher Disoprivan-Perfusor abstellen.

➤ Ausleitung:
- Gipsraum nach Röntgenkontrolle,
- Röntgen-Thorax,
- Extubation in Abhängigkeit von Körpertemperatur,
- evtl. Verlegung auf Intensiv-Therapie-Station erforderlich.

Große Tumoroperationen (z. B. Hüftgelenksexstirpation)

➤ Vorbereitung:
- PDA,
- ITN als balancierte Anästhesie,
- Tubus (oral),
- Magensonde,
- BVK,
- Temperatur-Sonde, bzw. BVK + integrierte Temperatur-Sonde,
- mehrere großlumige peripher-venöse Zugänge,
- ZVK (evtl. Schleuse),
- arterielle Kanüle,
- Wärmelampe / Wärmetisch / evtl. Bair-Hugger,
- Blutwärmer,
- Pulsoximetrie.

➤ Einleitung:
- PDA,
- ITN: Trapanal, Fentanyl, DHB, Pancuronium, Dormicum.

➤ Lagerung:
- Unterschiedlich: Seitenlage, Rückenlage oder andere.

➤ Monitoring:
- EKG,
- invasive arterielle Blutdruckmessung,
- ZVD,
- Temperatur,
- Urinausscheidung,
- SaO_2,
- $EECO_2$,
- Blutverluste!
- Labor: BGA, Hb, HK, Elektrolyte, Quick, PTT, Thrombozyten, BZ.
  - **Eks!** Bedside-Test!

➤ Narkose:
- N_2O, Enfluran / Isofluran, Dormicum, Fentanyl,
- bei PDA 2 stdl. Repetitionsdosen.
- **Cave:**
  - Sehr große Volumenverluste, Temperaturabfall,
  - am besten Level-1-Blutwärmer oder „Hot-Line" benutzen!
  - Rechtzeitig FFPs auftauen, evtl. Thrombozytenkonzentrate erforderlich,
  - engmaschige Laborkontrollen!

- Ausleitung:
  - Extubation (nach Röntgenkontrollen und Röntgen-Thorax unter Beachtung von Wärme- und Volumenhaushalt),
  - evtl. Verlegung auf Intensiv-Therapie-Station erforderlich.
- Aufwachraum:
  - Weitere Laborkontrollen, Verlegung auf Observationsstation.

Kleinere Tumoroperationen

- Humerusteilresektion, Femurteilresektion, Kniegelenksexstirpation, Palacosausräumung und Gentamicinketteneinlage.
- Vorbereitung:
  - ITN als balancierte Anästhesie,
  - evtl. PDA,
  - Tubus oral,
  - Magensonde (wenn keine Rückenlage),
  - BVK (wenn Operationsdauer über 3 Stunden),
  - großlumige peripher-venöse Zugänge,
  - evtl. ZVK,
  - Dinamap,
  - evtl. arterielle Kanüle,
  - Pulsoximetrie,
  - Wärmelampe,
  - evtl. Blutwärmer.
- Auf jeden Fall nach Eks schauen!
- Weiteres Procedere je nach Verlauf der Operation.

Achillessehnenverkürzung (Klumpfuß), Weichteilkorrekturen bei spastischen Lähmungen

- Überwiegend Kinder. → Entsprechendes Narkosegerät vorbereiten, evtl. Kuhn-System in der Einleitung, evtl. Päd-II-Infusion/je nach Größe und Gewicht des Kindes.
- Vorbereitung:
  - ITN als balancierte Anästhesie,
  - Tubus oral (Pflasterfixierung s. S. 17),
  - Magensonde,
  - 2 peripher-venöse Zugänge, davon 1 großlumiger,
  - Dinamap,
  - Pulsoximetrie,
  - Wärmelampe,
  - evtl. Blutwärmer,
  - Temperatur-Sonde.
- Einleitung:
  - Je nach Alter und vermutlicher Dauer des Eingriffs,
  - Trapanal, Norcuron, Fentanyl oder Rapifen.
- Monitoring:
  - EKG,
  - RR (Dinamap),
  - SaO_2,
  - $EECO_2$,

- Temperatur.
- Blutverluste!? (normalerweise keine) → Normalerweise werden keine Eks benötigt!

➤ Lagerung:
- Achillessehnenverkürzung: Bauchlage,
- andere Operationen: Rückenlage.

➤ Narkose:
- Je nach Alter Halothan bzw. Enfluran/Isofluran,
- evtl. Fentanyl/Rapifen.

➤ Ausleitung:
- Extubation im Gipsraum nach Gips und Röntgenkontrolle.

Osteogenesis imperfecta (Bailey Nagel)

➤ Patienten sind extrem frakturgefährdet! Vorsichtige Lagerungsmaßnahmen!

➤ Zähne bruchgefährdet! Vorsichtige Intubation!

➤ Cave: Dinamap ohne Druckbegrenzung → Fraktur des Oberarmes möglich!

➤ Patienten sind für ihr Alter klein und untergewichtig; Tubusauswahl muß sich nach dem Körpergewicht richten.

➤ Evtl. Kuhn-System in der Einleitung; Sulla im Saal; Päd-II-Infusion.

➤ Vorbereitung:
- ITN als balancierte Anästhesie,
- Tubus oral,
- zwei großlumige Zugänge (peripher-venös),
- evtl. ZVK,
- Pulsoximetrie,
- Blutwärmer,
- Wärmelampe,
- Wärmetisch.

➤ Einleitung:
- Trapanal, Fentanyl, DHB, Norcuron.

➤ Lagerung:
- In der Regel Rückenlage.

➤ Monitoring:
- EKG,
- RR (Dinamap),
- SaO_2,
- $EECO_2$,
- Temperatur,
- evtl. ZVD,
- Labor: Hb, HK (bei Kindern evtl. kapillär).
- **Erythrozytenkonzentrate.**

➤ Narkose:
- Nach Alter Halothan bzw. Enfluran/Isofluran, N_2O, Fentanyl.
- **Cave:**
  - Große Volumenverluste möglich (bei Kleinkindern sollte der HK nicht unter 30% sinken/Temperaturabfall).

➤ Ausleitung:
- Im Gipsraum nach Gips und Röntgen-Kontrollen.

Angeborene Hüftgelenksdysplasie / Hüftgelenkssubluxation (Reposition, Spickdrahtung, Metallfixation)

- Kinder-Zubehör!
- Vorbereitung:
  - ITN als balancierte Anästhesie (Trapanal, Atropin, Norcuron, Rapifen oder Fentanyl),
  - Halothan-Vapor,
  - Tubus oral,
  - 2 peripher-venöse Zugänge,
  - Temperatur-Sonde,
  - Pulsoximetrie,
  - Wärmetisch,
  - Wärmelampe,
  - evtl. Blutwärmer.
  - **Elektrozytenkonzentrate!?**
- Weiteres Vorgehen je nach Verlauf der Operation.

Facettensyndrom, knöcherne Einengung des Spinalkanals, Thermokoagulation, Dekompression

- Vorbereitung:
  - ITN (evtl. als balancierte Anästhesie),
  - Tubus (oral),
  - Magensonde,
  - Dinamap,
  - 1–2 peripher-venöse Zugänge.
- Einleitung:
  - Trapanal, Norcuron, evtl. Fentanyl, DHB.
- Monitoring:
  - EKG,
  - RR (Dinamap),
  - $EECO_2$.
- Lagerung:
  - Bauchlage.
- Narkose:
  - Einfluran / Isofluran, N_2O, evtl. Fentanyl.
- Ausleitung:
  - Extubation in Rückenlage.

Arthroskopien

- PDA oder ITN (Inhalationsanästhesie oder balancierte Anästhesie) oder Laryngeale Maske (Propofol / Rapifen).
- Bei PDA:
  - Carbostesin 0,5 % mit Adrenalin 3–5 ml als Testdosis,
  - Carbostesin 0,5 % ohne Adrenalin 10–15 ml bzw. nach Größe, Alter und Gewicht des Patienten dosiert.

- ➤ Bei Knie- oder Sprunggelenk-Arthroskopien:
  - Evtl. zusätzlich Duranest 1% → 3–5 ml (bewirkt eine bessere motorische Parese und hat geringere Frequenz an postoperativen Blasenentleerungsstörungen).

Gonarthrosen, Umstellungsosteotomien

- ➤ Vorbereitung:
  - ITN als balancierte Anästhesie und/oder PDA,
  - Tubus (oral),
  - evtl. Magensonde,
  - evtl. BVK,
  - Temperatur-Sonde,
  - Dinamap,
  - Pulsoximetrie,
  - evtl. arterielle Kanüle,
  - evtl. ZVK,
  - Wärmelampe.
- ➤ Einleitung:
  - PDA,
  - ITN: Trapanal, Fentanyl, DHB, Norcuron, evtl. Dormicum,
  - evtl. Hämodilution.
- ➤ Monitoring:
  - EKG,
  - RR,
  - SaO_2,
  - $EECO_2$,
  - evtl. ZVD,
  - evtl. Urinausscheidung,
  - Temperatur,
  - Labor nach Bedarf/es sollten Erythrozytenkonzentrate gekreuzt sein.
- ➤ Lagerung:
  - Operateure fragen (oder auf Operationskarten nachlesen).
- ➤ Narkose:
  - PDA: 2 stdl. Repetitionsdosen von 5 ml Carbostesin 0,5%,
  - ITN: Enfluran/Isofluran, Fentanyl, N_2O, Dormicum.
  - **Cave:**
    - Größere Volumenverluste möglich/Temperaturabfall.
- ➤ Ausleitung:
  - Im Gipsraum; Extubation nach Gips und Röntgenkontrolle.

Metallentfernungen, Probeentnahmen

- ➤ Vorbereitung:
  - ITN als balancierte Anästhesie oder Laryngeale Maske (Propofol/Rapifen).
- ➤ Weiteres Vorgehen je nach Lagerung des Patienten und Größe des Eingriffs.

➤ Das Kapitel „THG beinhaltet die Vorbereitungen für die jeweilige Operation bzw. die dafür erforderliche Narkose; die Durchführung würde in diesem Rahmen zu weit führen.

Aortokoronare Bypass-Operation (ACB oder ACVB) Mitralklappenersatz (MKE) Aortenklappenersatz (AKE)

➤ Vorbereitungen:
- 3fach Spülung (1000 ml NaCl 0,9% + 10000 I.E. Liquemin),
- Rilac 500 ml + Verlängerung (weil Arme angelagert werden),
- BVK mit integrierter Temperatur-Sonde (i. d. Regel 16 Ch.),
- Pulmonaliskatheter mit Einführungsbesteck rechts,
- Magill-Tubus oral / 8,0 oder 8,5 mm ID,
- Magensonde 16 Ch.,
- arterielle Kanüle (A. radialis, evtl. A. femoralis),
- 2 peripher-venöse Zugänge (z. B. AC 14 G / 16 G).
- Narkosetablett:
  - Dormicum 15 mg (pur),
  - Pancuronium 8 mg,
  - Fentanyl 0,5 mg,
  - Etomidat Lipuro (20 mg).
  - Oder: Dormicum 15 mg (pur) / Disoprivan 50 ml in Perfusorspritze (1 ml = 10 mg) / 0,75 mg Sufenta (15 ml Sufenta + 35 ml Glukose 5% in Perfusorspritze / 1 ml = 0,015 mg) / Pancuronium 8 mg.

➤ Weiteres Zubehör:
- 20 ml NaCl 0,9% + Verlängerung mit blauem 3-Wegehahn am Anfang und am Ende,
- Mandokef 2 g (Erwachsene) / bei bekannter Allergie: Vancomycin 500 mg,
- Trasylol 2000000 KIE (werden zum Hautschnitt gegeben / nicht bei Re-Eingriffen),
- Mini-Jets: Atropin, Adrenalin, Xylocain,
- 2mal 25000 I.E. Heparin (nicht aufziehen; gegeben werden 400 I.E. / kg KG),
- 2mal 10 ml Protaminsulfat Novo 1% (nicht aufziehen; gegeben werden 2 mg / kg KG),
- 10-ml-Spritze mit Heparin-Aufkleber,
- 20-ml-Spritze mit Protamin-Aufkleber,
- 250 ml Glukose 5% mit Protamin-Aufkleber; aus dieser Flasche wird die G 5% für die Perfusoren genommen,
- später gibt der Anästhesist im Saal die errechnete Protaminmenge in den Rest der G 5% (daher der Aufkleber).

➤ Perfusoren:
- Dopamin: 200 mg (auf 50 ml mit G 5% aufziehen),
- NTG (Perlinganit): 10 mg (auf 50 ml mit G5% aufziehen),
- Arterenol: 5 mg (auf 50 ml mit G 5% aufziehen),
- Trasylol: 500000 KIE (nicht bei Re-Eingriffen!),
- Suprarenin: 5 mg (auf 50 ml mit G 5% aufziehen / bei Patienten mit MKE und AKE / nur auf Anfrage),
- Dobutamin: 250 mg (auf 50 ml mit G 5% aufziehen / bei Patienten mit MKE und AKE, sowie Re-Eingriffen),
- Nifedipin: 5 mg (bei Patienten mit A. mammaria interna Bypass).

- ➤ Ablauf der Einleitung:
  - EKG (5 Elektroden),
  - RR-Messung nach Riva Rocci bitte nicht am selben Arm wie invasive arterielle RR-Messung / Manschette umgekehrt, d.h. mit den Schläuchen zum Kopfende hin, anbringen,
  - Druckaufnehmer mit Halterung am Operationstisch anbringen,
  - Nullabgleich: bitte jetzt oder besser bereits beim Anschließen der Kabel, bevor der Patient in der Einleitung ist),
  - „Windmühle" links am Kopfende des Operationstisches anbringen,
  - rechts venösen Zugang legen (wenn möglich, AC 16 G oder 14 G); vorher Hautquaddel (es sei denn der Patient hat Allergie auf Lokalanästhetika),
  - Rilac anschließen (langsam laufen lassen!),
  - jetzt wird die arterielle Kanüle gelegt,
  - sobald invasive arterielle Blutdruckmessung vorhanden → Einleitung mit Fentanyl / Dormicum / Pancuronium.
  - Beatmung über Maske (im allgemeinen wird mit 100% Sauerstoff beatmet):
    - **Bitte nicht hyperventilieren!** (→ Koronargefäße konstringieren sich).
  - 2. venöser Zugang wird gelegt und eine Verlängerung angeschlossen,
  - BVK wird gelegt; Konnektionsstelle BVK-Ablaufsystem mit Pflaster fixieren, Temperatur-Sonden-Kabel anschließen,
  - Ablaufleitung und Temperatur-Sondenkabel unter den Beinen ableiten!
  - Intubation + Legen der Magensonde → Fixierung mit „Lolly" + Bändchen bzw. Pflaster (Magensonde),
  - anschließend Patienten zur Punktion der V. jugularis interna rechts lagern (→ Pulmonaliskatheter).
  - **Achtung!** Bei Patienten, die eine Aortenstenose haben, wird der Pulmonaliskatheter nicht in der Einleitung eingeschwemmt, sondern erst intraoperativ bei eröffnetem Thorax!
  - Pulmonaliskatheter liegt (→ Fixierung s. S. 23),
  - Lagerungspfleger rufen!
  - Fahrt in den Operationssaal!
  - Anschließen des Patienten im Saal.
- ➤ Vor Verlassen des Operationssaals:
  - Periphere Zugänge nach der Lagerung auf Durchgängigkeit überprüfen!
  - Kalte G 5% zur HZV-Bestimmung in den Saal bringen,
  - Testseren + Bedside-Testkarte bereitlegen,
  - 8 mg Pancuronium zusätzlich in die Medikamentenschale legen,
  - 1 weitere Amp. Dormicum und weitere Amp. Fentanyl in den Maquetwagen legen,
  - 3–4 Perfusoren sollten im Saal sein,
  - Schrittmacher-Aggregat muß im Saal liegen!
  - Anschließend Eks in den Kühlschrank der Einleitung legen!
  - Falls Eigen-Eks vorhanden sind, müssen auch Eigen-FFPs existieren! Diese können gewöhnlich schon aufgetaut werden (→ Rückfrage an den Anästhesisten!).
- ➤ Grundsätzliches:
  - Sollten die Patienten in einem sehr schlechten Allgemeinzustand sein, kann es sein, daß sie zusätzlich einen ZVK oder MLK bekommen (→ mit dem Anästhesisten vorher absprechen und entsprechend vorbereiten).
- ➤ Volatile Anästhetika (Enfluran, Isofluran, Halothan):
  - Werden eher zurückhaltend benutzt,

- nur in relativ geringer Dosierung bei Patienten mit guter linksventrikulärer Funktion.
- Lachgas:
  - **Cave:** negativ inotrope Wirkung!
  - Diffundiert in luftgefüllte Hohlräume, d.h. auch Mikroluftembolien können „vergrößert" werden → N_2O ist nach HLM kontraindiziert!
  - Vorsicht bei Patienten mit bestehendem pulmonalen Hypertonus → N_2O verstärkt ihn!
- **Cave!** „Herzpatienten" werden in der Regel mit Rohypnol prämediziert → Es kann vorkommen, daß die Pat. hierdurch so stark sediert sind, daß eine Ateminsuffizienz möglich ist → O_2-Gabe, Pulsoximetrie anschließen, Arzt verständigen!
- Bei Pat. mit retrosternalen Schmerzen in der Einleitung:
  - O_2-Gabe, Aufsetzen (Kopfende hoch), Nitro-Spray, Arzt verständigen!
- Re-Eingriffe:
  - Aufgrund der Gefahr einer anaphylaktischen Reaktion, Trasylolapplikation nur nach folgenden prophylaktischen Maßnahmen:
    - Applikation von H_1- und H_2-Antagonisten 15 Min. vor Trasylolgabe; z. B.: Fenistil 0,1 mg/kg KG + Tagamet 5 mg/kg KG.
    - Nach 15 Min.: 1 ml (10000 KIE) Trasylol i. v. (bei Kindern 0,1 – 1 ml, je nach Alter und Gewicht) mit einer Beobachtungszeit von 10 Min.
    - Danach langsame Infusion der Loading-Dose: 20 Min. für 200 ml (2 Mio. KIE) Trasylol bei Erwachsenen.

Atriumseptumdefekt (ASD), Ventrikelseptumdefekt (VSD)

- Diese Patienten werden eingeleitet wie Patienten, die einen ACB bekommen.
  - **Aber:** Sie bekommen keinen Pulmonaliskatheter sondern einen MLK mit Schleuse rechts.

Herz(Lungen)transplantation HT(L)X

- Diese Patienten werden eingeleitet wie Patienten, die einen ACB bekommen.
- Aber:
  - Strengste Berücksichtigung der hygienischen Kautelen wegen der später erfolgenden Immunsuppression,
  - keine Magensonde (→ Leitschiene),
  - Pulmonaliskatheter mit kurzer Schleuse (V. jugularis int. li. → rechte V. jugularis int. wird für Myokard-PEs benötigt),
  - MLK ohne Schleuse (V. jugularis int. li. → Begründung s. o.),
  - falls Punktion der linken V. jugularis int. unmöglich → Punktion der V. jugularis int. rechts!
  - Evtl. zusätzlicher ZVK (z. B. V. basilica),
  - Leukozytenfilter bei Transfusionen.
- Antibiotikum:
  - Ciprobay 200 mg (Ciprofloxacin).
- Positiv inotrope Substanzen:
  - Dopamin/Dobutamin/Suprarenin/Arterenol/evtl. Enoximon (→ bitte mit dem zuständigen Anästhesisten absprechen; evtl. sind auch andere Dosierungen erforderlich als sonst üblich).

- Vasodilatatoren:
  - NTG (→ ebenfalls Dosierung mit dem Anästhesisten absprechen),
  - evtl. Epoprostenol (Dosierung nach Absprache).
- Intraoperative Immunsuppression:
  - Vor Beginn der Reperfusion 1000 mg Urbason i. v.,
  - Imurek (Dosierung nach dem Protokoll der Kardiochirurgen bzw. nach Absprache).

Thorakales Aortenaneurysma

- Einleitung im Prinzip wie bei Patienten mit ACB.
- Aber:
  - Möglicherweise 2 invasive arterielle Druckmessungen: Arteria radialis + Arteria femoralis links (weil Dissektion der linken Arteria femoralis eher möglich ist) → Rücksprache mit dem zuständigen Anästhesisten!
  - Zusätzlich Schleuse in linke V. jugularis interna / evtl. + MLK,
  - mehrere großlumige Zugänge,
  - xTrapanal-Perfusor auf Anfrage,
  - Blutdruckanstiege in der Einleitung sind sofort zu behandeln → Ebrantil bereithalten!
- Katecholamine:
  - Dopamin / Suprarenin / evtl. Arterenol.
- Vasodilatatoren:
  - NTG / Nitroprussid / evtl. Regitin.
- Evtl. zusätzlich Enoximonperfusor.
- Für die Wahl und Dosierung der Perfusoren gilt: → bitte mit dem Anästhesisten absprechen!
- Eks / FFPs sollten vor der Narkoseeinleitung zur Verfügung stehen!
- Besonderheit:
  - Bei einem Aneurysma der Aorta descendens wird möglicherweise ein Links-Links-Bypass angelegt, und die Operation erfolgt in Rechtsseitenlage. Hierbei ist evtl. ein Doppellumentubus erforderlich, um während der Operation eine Eine-Lunge-Beatmung durchführen zu können. → Rücksprache mit dem zuständigen Anästhesisten!

Anästhesiologisches Vorgehen bei Kreislaufstillstand in tiefer Hypothermie

- Abkühlung:
  - Wärmedecke auf 5 °C stellen,
  - Kühlung des Kopfes mit Eis (das Eis wird in Plastiktüten gefüllt, in Tücher eingewickelt und dann um den Kopf des Patienten herumgelegt),
  - zusätzliche Temperaturmessung ösophageal.
- Zu Beginn der extrakorporalen Zirkulation (EKZ):
  - Nipruss-Perfusor (1 Amp. = 60 mg Nitroprussidnatrium),
    Körpergewicht < 5 kg = 15 mg in 45 ml,
    Körpergewicht > 5 kg – 20 kg = 30 mg in 45 ml,
    Körpergewicht > 20 kg = 60 mg in 45 ml
    (Dosierung: 0,5 – 4 Microgramm pro kg KG / min.),

- anstelle von Nipruss kann auch Regitin (Phentolamin) 0,2 mg/kg KG gegeben werden/1 Amp. = 10 mg,
- Ebrantil (nur nach Rücksprache) (1 Amp. = 50 mg Urapidil),
- Lasix 0,25 mg/kg KG (1 Amp. = 20 mg Furosemid),
- Urbason 30 mg/kg KG (Methylprednisolon = verschiedene Ampullengrößen),
- Trapanal 8 mg/kg KG (1 Amp. = 500 mg Thiopental).

➤ Kühlung:
- Ösophageale und rektale Temperaturen betragen 18 °C (mindestens 10 Min.).

➤ Erwärmung:
- Vor Wiederbeginn der EKZ:
  - Mannitol 0,5 g/kg KG (Osmofundin 15% 10 ml = 1,5 g).
- Nach Beginn der EKZ:
  - Nipruss-Perfusor (s. o.)/oder Regitin (s. o.),
  - Ebrantil (nur nach Rücksprache/s. o.).
- Wärmedecke auf 42 °C,
- Erwärmung des Kopfes mit warmen Kissen.
- Erwärmung:
  - Rektaltemperatur 35 °C (mindestens 20 Min./bzw. 1 °C pro 3 Min.).

Hypertrophe obstruktive Kardiomyopathie (HOKM)

➤ Einleitung im Prinzip wie bei Patienten mit ACB.

➤ Cave:
- RR-Abfall (→ Druckgradient und Obstruktion nehmen zu),
- hohe Beatmungsdrücke (→ venöser Rückstrom nimmt ab und damit das linksventrikuläre Volumen),
- Tachykardien (→ Vorhofkontraktion wird schlechter).

Notfallpatienten aus dem Herzkatheterlabor

➤ Patienten nach versuchter Dilatation der Koronargefäße (PTCA).

➤ Patienten sind normalerweise nüchtern.

➤ Einleitung erfolgt im Prinzip wie bei Patienten mit ACB.

➤ **Auf keinen Fall liegende Katheter entfernen!**

➤ Meist liegt eine Schleuse in der Arteria und Vena femoralis. → Den Katheter in der Arteria femoralis zur invasiven arteriellen Messung benutzen.

➤ Diese Patienten haben häufig eine schlechte Ventrikelfunktion.

➤ Sofortige O_2-Gabe ist obligat.

➤ Erhöhte Arrhythmieneigung durch die Myokardischämie → Antiarrhythmika z. B. Lidocain bereithalten. → Defibrillator muß funktionstüchtig sein!

➤ Bei diesen Patienten laufen oft schon NTG, Heparin und/oder Dilzem. Diese Medikamente sollten während der Einleitung weiterlaufen (auf die Dosierung achten: NTG wird von den Kardiologen mit 1 mg/ml gegeben).

➤ An Erythrozytenkonzentrate denken!

➤ Achtung!
- Falls der Patient unter Reanimationsbedingungen in den Operationssaal gebracht wird:
  - Saal vorbereiten! Nicht die Einleitung!
  - Heparin aufziehen, damit der Patient möglichst schnell an die HLM angeschlossen werden kann!

Karotis-Operation

- ITN als balancierte Anästhesie (meist Etomidat, Fentanyl, Dormicum, Norcuron).
- Magill-Tubus oral (mit Pflaster zur kontralateralen Seite fixieren).
- 1fach Monitoring-Set reicht.
- ZVK (wenn möglich, peripher).
- 1 – 2 peripher-venöse Zugänge.
- Es sollten Erythrozytenkonzentrate gekreuzt sein! Unbedingt nachsehen!

Implantierte Defibrillator-Systeme

- ITN als balancierte Anästhesie (Induktionsanästhetikum, je nach Zustand des Patienten Etomidat oder Trapanal).
- 2fach Monitoring-Set.
- Magill-Tubus oral (Fixierung mit „Lolly“ und Bändchen).
- Arterielle Kanüle.
- MLK rechte Vena jugularis interna (mit oder ohne Schleuse).
- 1 – 2 peripher-venöse Zugänge.
- Dopaminperfusor.
- NTG-Perfusor nur auf Anforderung.
- Erythrozytenkonzentrate sollten vorhanden sein!

Mediastinoskopie

- ITN als Inhalationsanästhesie oder balancierte Anästhesie (meist Trapanal als Induktionsanästhetikum).
- 2 peripher-venöse Zugänge.
- Oraler Tubus mit Verlängerung.
- Konnektionsstellen mit Pflaster verkleben.
- Kopf wird überstreckt gelagert.
- Tubuslagekontrolle!
- Es sollten mindestens 2 Konserven gekreuzt sein!

Thorakoskopie(-tomie)

- ITN als balancierte Anästhesie.
- 2fach Spülung.
- ZVK.
- Arterielle Kanüle.
- Robertshaw-Tubus oder „Bronchusblocker“ (Univent-Tubus) → bitte mit dem zuständigen Anästhesisten absprechen.
- Fiberoptische Lagekontrolle nach endgültiger Lagerung im Saal erforderlich.
- BVK nach Absprache mit dem Operateur.
- Temperatur-Sonde.
- Es sollten einige Erythrozytenkonzentrate gekreuzt sein!
- CPAP-Zubehör für die nicht ventilierte Lunge bereithalten.
- Evtl. bekommt der Patient gegen Ende der Operation einen PDA-Katheter in den Pleuraspalt eingelegt, woran eine mit Lokalanästhetikum gefüllte Travenolpumpe angeschlossen werden kann.

Grundsätzliches

- Zur Narkosebeatmung empfehlen sich z.B. der Servo D (Fa. Siemens) oder der Cicero (Fa. Dräger).
- Praktisches Vorgehen bei Benutzung des Cicero:
  - Kurztest mit Kinderschläuchen durchführen (→ das Gerät bestimmt auf diese Weise das kompressible Volumen der kleinen Schläuche),
  - Beatmungsparameter eingeben,
  - NIBP-Messung auf „Neonatal" umstellen,
  - CO_2-Messung auf 50-ml-Absaugrate umstellen (bei der Beatmung von Erwachsenen werden 200 ml/min abgesaugt),
  - weiße Adapter (zur CO_2-Messung), die statt des blauen Tubuskonnektors auf die kleinen Tuben gesteckt werden können, bereitlegen (→ jeweilige Größe ist auf den Konnektoren aufgedruckt) → haben einen wesentlich geringeren Totraum als der Metallkonus, der für Erwachsene benutzt wird,
  - für Kinder bis zu 10 kg KG steht ein Beatmungsschlauchsystem mit der Möglichkeit zur Anfeuchtung und Erwärmung der Inspirationsluft zur Verfügung.
- Allgemeines zur Berücksichtigung:
  - Bei nasaler Intubation an Nasentropfen denken!
  - Kopfringe aus Rolta-Watte sollten im Nackenbereich schmaler sein, damit der venöse Abfluß gewährleistet bleibt; Ring innen zusätzlich polstern, um den Auflagedruck möglichst großflächig zu verteilen!
  - Dinamap mit kleinen RR-Manschetten für die Einleitung bereitlegen,
  - bei Kindern immer Succinylcholin zusätzlich zu den anderen Medikamenten aufziehen (gewöhnlich wird es nicht benötigt),
  - Saaltemperatur erhöhen!
  - Bei Operationen mit Herz-Lungen-Maschine (HLM) in tiefer Hypothermie (manchmal bei Kindern mit einem KG < 10 kg): s. Seite 118: Anästhesiologisches Vorgehen bei Kreislaufstillstand in tiefer Hypothermie.

Ductus

- Persistierender Ductus arteriosus Botalli.
- Operation ohne HLM.
- Meist Säuglinge bzw. Frühgeborene.
- Operation wird in Rechts-Seitenlage durchgeführt.
- Wichtig!
  - Sollte das Kind einen Silastic-Katheter haben, **nicht** die Zufuhr der Infusion unterbrechen. → Diese Katheter verstopfen sofort!
- Vorbereitungen:
  - Pulsoximetrie (bereits in der Einleitung),
  - Dinamap mit RR-Manschetten für Säuglinge,
  - Kuhn-System in der Einleitung,
  - Halothan-Vapor (Maskeneinleitung möglich),
  - im Saal: z.B.: Sulla, Servo D oder Cicero benutzen,
  - Päd II (< 10 kg KG als Perfusor / > 10 kg KG als Infusion + Dial-a-Flow),
  - 2 peripher-venöse Zugänge (Extensionssets wie in der Kinderanästhesie),
  - ZVK nach Rücksprache,
  - Magill-Tubus nasal,
  - Magensonde,
  - Wärmelampe / Wärmetisch,

- Klebebeutel für Urin,
- rektale Temperatur-Sonde,
- Kopfring aus Rolta-Watte oder Rolle aus grünem Tuch,
- 5 ml NaCl 0,9% zum „Nachspülen“,
- Mandokef (100 mg/kg KG : 3 = Einzeldosis),
- Liquemin 100 I.E./kg KG aufziehen.
- **Kindernotfalltablett!**
- Narkosetablett: (Spritzengröße dem Gewicht anpassen/schwarze Kanülen aufstecken)
  - Pancuronium,
  - Dormicum,
  - Fentanyl,
  - Succinylcholin.

➤ Sollte das Kind weniger als 1000 g wiegen → Mit dem Anästhesisten absprechen, ob die Medikamente verdünnt aufgezogen werden sollen.

➤ Zusätzlich mit in den Saal geben (immer bei Kindern in der THG):
- Kuhn-System und Maske,
- Notfalltablett,
- Ersatztubus und Larryngoskop und Magill-Zange (v. a. bei nasaler Intubation).

➤ Grundsätzliches:
- Als Verlängerungen an peripher-venösen Zugängen werden Perfusorleitungen benutzt (sie haben ein geringeres Lumen als die „Heidelberger)“,
- alle Leitungen müssen vollständig luftleer sein! (Cave: Luftembolien),
- auf die 3-Wegehähne Durchstechstopfen schrauben; Injektion von Medikamenten mit schwarzer Kanüle durch die Stopfen hindurch.

Banding

➤ Operation ohne HLM.

➤ Stark gesteigerte Lungendurchblutung wird durch Bändelung der Pulmonalarterie gedrosselt, (z.B. bei manchen Kindern mit Ventrikelseptumdefekt) → Bändeln soll eine pulmonale Hypertonie verhindern bzw. mindern.

➤ Durchführung dieser Operation gewöhnlich nur bei schwerkranken Kindern.

➤ Operativer Zugang über eine linksanteriore Thorakotomie in Rückenlage.

➤ Vorbereitungen:
- Wärmelampe/Wärmetisch,
- Kopfring aus Roltawatte/Nackenrolle aus grünem Tuch,
- Dinamap,
- Pulsoximetrie,
- Tubus (nasal),
- Magensonde,
- 2 peripher-venöse Zugänge,
- Kuhn-System in der Einleitung,
- evtl. Gerät in der Einleitung umbauen für Kinder (kleiner Ventilog-Balg, kleiner Handbeatmungsbalg, Kinderschläuche, Kindervolumeter),
- Halothan-Vapor,
- im Saal: z.B.: Servo D oder Cicero,
- Päd-II-Perfusor (bei KG > 10 kg: Infusion + Dial-a-flow),
- meist sind keine weiteren Perfusoren (wie Dopamin etc.) erforderlich; bitte nachfragen,

- ZVK (entsprechende Spülung: 500 ml NaCl 0,9% + 500 I.E. Liquemin),
- evtl. arterielle Kanüle,
- Liquemin 100 I.E. / kg KG aufziehen,
- Kindernotfalltablett bereitstellen.
- Narkosetablett: (Spritzengröße dem Gewicht anpassen / schwarze Kanülen aufstecken)
  - Pancuronium,
  - Dormicum,
  - Fentanyl,
  - Succinylcholin,
  - an NaCl 0,9% zum „Nachspülen" denken,
  - darauf achten, daß alle Leitungen luftleer sind; auf die 3-Wegehähne werden Durchstechstopfen geschraubt,
  - als Verlängerungen Perfusorleitungen verwenden!

Blalock-Taussig-Anastomose

➤ Linke oder rechte A. subclavia wird End-zu-Seit mit der gleichseitigen A. pulmonalis anastomosiert. (Palliativ-Eingriff bei Rechts-Links-Shunt um die Lungendurchblutung zu steigern)

➤ Durchführung der Operation in Seitenlage ohne HLM.

➤ Wichtig! Sollte bei diesen Kindern Minprog = Prostaglandin E_1 (Medikament zum Offenhalten eines Ductus Botalli) laufen, bitte nicht abstellen; dieses Medikament muß kontinuierlich laufen. Dies gilt insbesondere, wenn die Kinder einen Silastic-Katheter haben, weil dieser sofort verstopft.

➤ Vorbereitungen:
- Wärmelampe / Wärmetisch,
- Kopfring,
- evtl. Keilkissen (zum ZVK-Legen),
- Halothan-Vapor,
- Kuhn-System in der Einleitung,
- evtl. Einleitungsgerät für Kinder umbauen (kleiner Ventilog-Balg, kleiner Handbeatmungsbeutel, Kinderschläuche, Kindervolumeter).
- Im Saal: Servo D, Sulla oder Cicero,
- Dinamap (RR-Manschette an der Gegenseite des Shunts anbringen, da nach Unterbindung der A. subclavia am betreffenden Arm Pulslosigkeit herrscht),
- Pulsoximetrie ebenfalls an der Gegenseite anbringen,
- Tubus nasal (an Nasivin oder Otriven für Kinder denken!),
- Magensonde,
- Urinklebebeutel,
- Temperatur-Messung (Ösophagussthethoskop oder rektale Sonde),
- 2 peripher-venöse Zugänge,
- ZVK? / arterielle Kanüle? bitte nachfragen! dann entsprechende Spülung: 500 ml NaCl 0,9% + 500 I.E. Liquemin,
- Kindernotfalltablett bereitstellen,
- Mandokef s. o.,
- Liquemin 100 I.E. / kg KG aufziehen,
- Perfusoren (evtl. Dopamin und NTG) → nachfragen!
- Narkosetablett: (Spritzengröße dem Gewicht anpassen / schwarze Kanülen aufstecken)
  - Fentanyl,

  - Dormicum,
  - Pancuronium,
  - Succinylcholin,
  - an NaCl 0,9% denken (zum „Nachspülen").
- ➤ Unbedingt mit in den Saal geben s.o.

Aortenisthmusstenose

- ➤ Wird auch als Coarctatio aortae bezeichnet (COA).
- ➤ Einengung der Aorta descendens distal der A. subclavia.
- ➤ Operation ohne HLM.
- ➤ Vorbereitungen:
  - Wärmelampe / Wärmetisch,
  - Kopfring s.o.,
  - Keilkissen (zur Lagerung für Punktion der Vena jugularis interna),
  - Urinklebebeutel / evtl. BVK / evtl. BVK und Temperatur-Sonde,
  - Temperatur-Sonde / evtl. Ösophagusstethoskop und Temperatur-Sonde,
  - 2 Dinamaps (rechter Arm + rechtes Bein),
  - 2 Pulsoximeter (rechter Arm + rechtes Bein),
  - 2fach Spülung (500 ml NaCl 0,9% + 500 I.E. Liquemin),
  - Päd II (Perfusor oder Infusion; je nach Gewicht),
  - 2 peripher-venöse Zugänge,
  - ZVK evtl. MLK,
  - Arterielle Kanüle nach Rücksprache,
  - Magill-Tubus nasal (an Nasentropfen denken),
  - Magensonde,
  - Heparin 100 I.E. / kg KG aufziehen,
  - NTG-Perfusor (5 mg in 50 ml oder 10 mg in 50 ml),
  - Halothan-Vapor,
  - Kuhn-System in der Einleitung,
  - Einleitungsgerät für Kinder umbauen.
  - Im Saal: Cicero, Servo D oder Sulla,
  - Kindernotfalltablett bereitstellen,
  - Mandokef,
  - Liquemin 100 I.E. / kg KG aufziehen.
  - Narkosetablett: (Spritzengröße dem Gewicht anpassen)
    - Dormicum,
    - Pancuronium,
    - Fentanyl,
    - Succinylcholin,
    - NaCl 0,9% zum „Nachspülen".
- ➤ Grundsätzliches s.o.

Fallot-Tetralogie

- ➤ Häufigster zyanotischer kongenitaler Herzfehler.
  - Pathologisch-anatomische Kennzeichen:
    - Ventrikelseptumdefekt,
    - über dem Septumdefekt reitende Aorta,
    - Obstruktion der rechten Ausflußbahn (infundibulär, valvulär oder kombiniert),

  - Hypertrophie des rechten Ventrikels,
  - Lungendurchblutung vermindert wegen Pulmonalstenose,
  - Rechts-Links-Shunt mit Hypoxämie und zentraler Zyanose,
  - Entwicklung von bronchialen und aortopulmonalen Kollateralgefäßen aufgrund der verminderten Lungendurchblutung.
- Operation mit HLM.
- Wärmelampe / Wärmetisch,
  - Kopfring etc.,
  - Keilkissen,
  - Dinamap + Manschetten für Säuglinge,
  - Pulsoximetrie,
  - Kuhn-System zur Einleitung,
  - Einleitungsgerät für Kinder umbauen s. o.,
  - Halothan-Vapor (Maskeneinleitung möglich),
  - Päd-II-Perfusor (bei Gewicht unter 5 kg KG),
  - 3fach Spülung (500 ml NaCl 0,9% + 500 I.E. Liquemin),
  - Tubus nasal,
  - Magensonde,
  - 2 peripher-venöse Zugänge,
  - MLK (18 G Careflow / immer ohne Schleuse) / großes Abdecktuch,
  - arterielle Kanüle (A. radialis mit 24 G Insyte oder A. femoralis z. B. mit 22 G Careflow oder 22 G Insyte evtl. mit Seldinger-Technik),
  - BVK und Temperatur-Sonde wenn möglich, sonst BVK Ch 6 ohne Temperatur-Sonde oder dünne Magensonde,
  - Urinablaufsystem wie üblich.
  - Kindernotfalltablett!
  - Mandokef (100 mg / kg KG : 3 = Einzeldosis),
  - Trasylol (15000 KIE / kg KG),
  - Spritze mit Heparin-Aufkleber (400 I.E. / kg KG) → z. B.: 2-ml- oder Tuberkulinspritze,
  - Spritze mit Protamin-Aufkleber (200 mg / kg KG) → z. B.: 5-ml- oder 2-ml-Spritze.
  - Narkosetablett: (Spritzengröße dem Gewicht anpassen / schwarze Kanülen aufstecken)
    - Fentanyl,
    - Dormicum,
    - Pancuronium,
    - Succinylcholin,
    - an NaCl 0,9% zum „Nachspülen“ denken!
- Perfusoren (bei Körpergewicht über 5 kg bis 20 kg):
  - Dopamin: 100 mg auf 50 ml G 5%,
  - NTG: 10 mg auf 50 ml G 5%,
  - Dobutamin: 100 mg auf 50 ml G 5%,
  - Suprarenin: 5 mg auf 50 ml G 5%,
  - Nitroprussidnatrium: 30 mg auf 45 ml G 5% oder Gabe von 0,2 mg / kg KG Regitin.
- Perfusoren (bei Körpergewicht bis 5 kg):
  - Dopamin: 50 mg auf 50 ml G 5%,
  - NTG: 5 mg auf 50 ml G 5%,
  - Dobutamin: 50 mg auf 50 ml G 5%,

- Suprarenin: 2,5 mg auf 50 ml G 5%,
- Nitroprussidnatrium: 15 mg auf 45 ml G 5% oder Gabe von 0,2 mg/kg KG Regitin.

➤ **Cave:** Luft in Leitungen! → Durchstechstopfen auf alle 3-Wegehähne!
- Als Verlängerungen auch hier Perfusorleitungen benutzen!

➤ Mit in den Saal geben:
- Kuhn-System und Maske,
- Notfalltablett,
- Ersatztubus und Laryngoskop und Magill-Zange,
- Narkosetablett,
- Bedside-Testkarte,
- Testseren.

➤ Erforderliche Umstellungen am Cicero: s.o.!

➤ Falls das Kind in tiefer Hypothermie und totalem Herz-Kreislauf-Stillstand operiert werden muß → s. S. 118.

Atrioventrikularkanal (AV-Kanal)

➤ Partieller AV-Kanal:
- Großer Links-Rechts-Shunt mit Volumenüberlastung des rechten Ventrikels und gesteigerter Lungendurchblutung und Mitralinsuffizienz,
- Druck im rechten Ventrikel meist erheblich niedriger als im linken Ventrikel.

➤ Kompletter AV-Kanal:
- Alle vier Herzkammern stehen miteinander in Verbindung → auf allen Ebenen können Rechts-Links-Shunts oder Links-Rechts-Shunts auftreten,
- Shunt-Richtung und -Größe hängen vom Verhältnis der Lungengefäßdrücke zu den Systemdrücken ab.

➤ Vorbereitung s.o.

➤ Operation mit HLM.

Transposition der großen Arterien (TGA)

➤ Zyanotischer Herzfehler/Rechts-Links-Shunt.

➤ Korrektur-Operation → Switch-Operation.

➤ Häufigste Form der Transposition → D-Form.
- Kennzeichen:
  - Aorta entspringt aus dem vorderen, anatomisch rechten Ventrikel,
  - A. pulmonalis entspringt aus dem hinteren, anatomisch linken Ventrikel → Aorta liegt vorn und rechts von der hinten und links liegenden A. pulmonalis.

➤ Es bestehen immer intrakardiale Kurzschlußverbindungen → komplizierte pathophysiologische Verhältnisse.

➤ Vorbereitung s.o.

➤ Operation mit HLM.

Singulärer Ventrikel

- Nur eine Herzkammer vorhanden.
- Liegt keine Obstruktion der Lungenstrombahn vor → Entwicklung eines erheblichen Links-Rechts-Shunts mit gesteigerter Lungendurchblutung.
- Keine Zyanose, solange keine obstruktiven Lungengefäßveränderungen auftreten.
- Vorbereitung s. o.

Fontan-Operation

- Wird bei Trikuspidalatresie durchgeführt.
- Keine direkte Verbindung zwischen rechtem Vorhof und rechtem Ventrikel vorhanden → das venöse Blut muß über einen Vorhof-Septumdefekt in den linken Vorhof fließen, wo es sich vollständig mit dem Lungenvenenblut mischt.
- Vorbereitung s. o.
- Operation mit HLM.

Radikale Prostatektomie

- Einleitung:
  - PDA:
    - Testdosis 2–4 ml Carbostesin 0,5% + Adrenalin,
    - Wirkdosis 5–10 ml Carbostesin 0,5% + 0,1 mg Fentanyl.
  - ITN als balancierte Anästhesie:
    - Trapanal, Fentanyl, DHB, Pancuronium,
    - 2 peripher-venöse Zugänge,
    - 2fach Spülung,
    - arterielle Kanüle
    - ZVK (Certodyn/EKG-Lagekontrolle),
    - Magensonde,
    - Temperatur-Sonde bzw. Ösophagusstethoskop und integrierte Temperatur-Sonde,
    - evtl. Hämodilution (Zubehör bereitlegen),
    - Antibiotikum/meist Claforan/Clont,
    - Wärmelampe,
    - Blutwärmer,
    - evtl. Dopaminperfusor (Rücksprache),
    - Erythrozytenkonzentrate.
- Lagerung:
  - Wärmetisch (vor der Einleitung organisieren),
  - Bair-Hugger (Upper-Body-Cover),
  - überstreckte Rückenlagerung (Cave: Volumenverschiebung, V/Q-Verschiebung).
- Operation:
  - Bauchschnitt,
  - Blasenkatheter wird intraoperativ gelegt,
  - es kann zu plötzlichen größeren Blutverlusten kommen,
  - Operationsdauer 2–4 Stunden.
- Monitoring:
  - EKG,
  - invasive arterielle Blutdruckmessung,
  - ZVD,
  - Temperatur,
  - Urinausscheidung,
  - $EECO_2$,
  - Laborkontrollen: BGA, Elektrolyte, Hb, HK, Thrombozyten, BZ, ggf. Gerinnung.
- Narkoseführung:
  - Fentanyl, Enfluran oder Isofluran, N_2O,
  - hat der Patient zusätzlich einen PD-Katheter: Analgesie über PDK; Sedierung i.v.,
  - nach Rücksprache mit dem Operateur: Heparin-Ca. s.c..
- Ausleitung:
  - Extubation, MS belassen.
- Aufwachraum:
  - Laborkontrollen, Röntgen-Thorax,
  - Travenolpumpe an PDK anschließen,
  - Observationsbett.

Zystektomie mit Ileumconduit, Neoblase oder Mainz-Pouch II

- Vorbereitung, Einleitung, Lagerung, Narkoseführung und Aufwachraum wie bei der radikalen Prostatektomie.
- Operation:
  - Bauchschnitt,
  - größere Blutung bei Zystektomie, Ileumconduit erfordert längere Feinarbeit (Dauer: 6 – 8 Stunden), geringere Blutung,
  - Cave: Darmödem, intraoperative Harnleiterschienung, 2 Urinbeutel im Operationsfeld.

Parastomale Hernie

Kleine Hernie

- Einleitung:
  - ITN als balancierte Anästhesie,
  - Trapanal, Fentanyl, DHB, Norcuron,
  - Magensonde,
  - 2 peripher-venöse Zugänge,
  - ggf. ZVK (nicht immer angezeigt),
  - evtl. Erythrozytenkonzentrate erforderlich.
- Lagerung:
  - Rückenlage.
- Narkoseführung:
  - N_2O, Isofluran oder Enfluran, Fentanyl; Patienten müssen gut relaxiert sein.
- Operationsdauer:
  - 1 – 2 Stunden (je nach Verwachsungen).
- Ausleitung:
  - Bei der Extubation Husten vermeiden.

Große Hernie (Neo-Stoma, Neo-Conduit)

- Vorbereitung, Einleitung, Lagerung, Narkoseführung wie bei der radikalen Prostatektomie.
- Operationsdauer:
  - 3 – 6 Stunden.
- Beachte:
  - Urinkatheter wird intraoperativ in den Conduit gelegt.

Nephrektomie

- Einleitung:
  - ITN als balancierte Anästhesie (+ lumbale PDA wenn möglich),
  - Fentanyl, DHB, Pancuronium, Trapanal, Enfluran,
  - bei Patienten mit Niereninsuffizienz → NaCl 0,9%-Infusion! → Isofluran,
  - 2 peripher-venöse Zugänge,
  - ZVK (Certodyn),
  - BVK (in der Einleitung legen),
  - Dinamap,

- Temperatursonde (evtl. BVK und Temperatur-Sonde / oder Ösophagusstethoskop mit integrierter Temperatur-Sonde),
- evtl. Hämodilution,
- Antibiotikum / meist Claforan.

➤ Erythrozytenkonzentrate

➤ Lagerung:
- Seitliche Taschenmesserposition
- **Cave:** intravasale Volumenverschiebung, Cava-Kompression, V / Q-Verschiebung, Thrombosegefahr

➤ Operation:
- Operationsdauer 1 – 3 Stunden,
- große Blutverluste bei Cava-Zapfen → dann arterielle Kanüle!
- PEEP 5 cm H_2O.

➤ Narkoseführung:
- PDK wird frühzeitig „hochgespritzt“,
- Fentanyl, Enfluran, N_2O,
- RR (Cave: evtl. Dopamin und Osmofundin → Nierenschutz),
- Thromboseprophylaxe: Operateur fragen,
- Cave: Pleuraeröffnung.

➤ Ausleitung:
- Nach Rücklagerung des Patienten.

➤ Aufwachraum:
- Laborkontrollen und Röntgen-Thorax,
- Travenolpumpe wird an PDK angeschlossen.

Ureterozystoneostomie, Nephrolithiasis

➤ Einleitung:
- ITN als balancierte Anästhesie,
- Fentanyl, DHB, Pancuronium, Trapanal, Isofluran,
- Magensonde,
- Dinamap,
- evtl. ZVK,
- Antibiotikum: Claforan.

➤ Lagerung:
- Rückenlage oder Taschenmesser.

➤ Narkoseführung:
- N_2O, Isofluran, Fentanyl.

➤ Operationsdauer:
- 1 – 2 Stunden.

➤ Ausleitung in Rückenlage.

Operation nach Burch (Harninkontinenz)

➤ Einleitung:
- ITN als balancierte Anästhesie,
- Fentanyl, DHB, Pancuronium, Trapanal,
- Antibiotikum: z. B. Claforan.

➤ Lagerung:
- Steinschnitt (Cave: Volumenverschiebung intravasal).

- Narkoseführung:
  - Fentanyl, N_2O, Enfluran.
- Operation:
  - Dauer 1–1,5 Stunden,
  - BK wird intraoperativ gelegt.
- Ausleitung:
  - Nach Beinrücklagerung Gefahr des Blutdruckabfalls.

Refluxplastik, Lich-Grégoire-Operation

- In der Regel Säuglinge und Kleinkinder.
- Vorbereitung:
  - ITN (Inhalationsanästhesie oder balancierte Anästhesie),
  - Magill-Tubus oral,
  - Wärmelampe,
  - Wärmetisch,
  - Kopfring aus Roltawatte oder Rolle aus grünen Bauchtüchern,
  - Kuhn-System in der Einleitung,
  - Servo D im Saal und Nellcor oder Capnomac bzw. anderes Atemgasanalysegerät,
  - Dinamap,
  - Pulsoximetrie (bereits in der Einleitung),
  - Temperatur-Sonde bzw. Ösophagusstethoskop und Temperatur-Sonde,
  - (Präkordiales Stethoskop),
  - Pädiafusin II (je nach Gewicht als Perfusor oder Infusion),
  - 2 peripher-venöse Zugänge,
  - Halothan-Vapor,
  - Antibiotikum,
  - Kindernotfalltablett bereitstellen.
- Narkosetablett (Spritzengröße je nach Gewicht des Kindes):
  - Atropin, Trapanal, Succinylcholin, Norcuron, evtl. Fentanyl,
  - NaCl 0,9% zum „Nachspülen“,
  - Benuron Supp.
- Lagerung:
  - Rücken.
- Operationsdauer:
  - Ca. 1,5 Stunden,
  - Notfalltablett und Ersatztubus und Laryngoskop mit in den Saal geben!
- Narkoseführung:
  - Halothan oder Isofluran.
- Labor:
  - HK, BGA (kapillär) 15 Min. nach Beginn der maschinellen Beatmung.
- Ausleitung:
  - Mit Kuhn-System; Extubation, danach Seitenlagerung (gesunde Seite),
  - **Cave:** Ureterschiene.
- Auch hier gilt: Kinderausleitung! → Anästhesiepflegekraft muß dabei sein!

Hypospadie

- In der Regel Kinder.
- Vorbereitung:
  - Wärmelampe,
  - Wärmetisch,
  - Ösophagusstethoskop und integrierte Temperatur-Sonde,
  - Dinamap.
- Einleitung:
  - ITN (Inhalationsanästhesie oder balancierte Anästhesie),
  - Atropin, Trapanal, Succinylcholin, evtl. Fentanyl,
  - bei Gewicht unter 20 kg: Kinderschläuche.
- Im Saal:
  - Sulla (entsprechend umgebaut) wird bereitgestellt.
- Operationsdauer:
  - Ca. 2 – 3 Stunden (bis zu 6 Stunden).

Operation nach Haurie

- ITN als balancierte Anästhesie,
- Operation dauert gewöhnlich mehrere Stunden,
- möglicherweise Wärmemaßnahmen erforderlich.

Phimose OTIS (Harnröhrenstriktur)

- Kleiner Eingriff.
- Evtl. Maskennarkose, evtl. Laryngeale Maske (bitte nachfragen).
- Medikamente mit den Anästhesisten absprechen.

Extrakorporale Stoßwellenlithotripsie (ESWL)

- Narkoseverfahren mit dem Anästhesisten absprechen.
- Erforderliches Zubehör bereitlegen.

Transurethrale Resektion (TUR)

- Einleitung:
  - Spinalanästhesie mit 3 – 4 ml Carbostesin 0,5 % hyperbar, ohne Adrenalin (direkt in den Saal fahren nach SPA-Punktion; Lagerung!).
    - Dem Patienten Kopfhörer (CD-Player) anbieten.
  - Oder ITN als balancierte Anästhesie,
  - evtl. Laryngeale Maske.
- Lagerung:
  - Steinschnitt (Cave: Herz-Kreislauf-Belastung, Atmung, Druckschäden).
- Operationsdauer:
  - 0,5 – 1,5 Stunden.
- Monitoring:
  - EKG,
  - RR,
  - Pulsoximetrie,
  - Bewußtsein (bei Spinalanästhesie),
  - Hb- und HK-Kontrolle.

- Komplikationen:
  - TUR-Syndrom:
    - Durch Resorption großer Mengen hypotoner Spülflüssigkeit über die bei der Abtragung eröffneten Venen.
    - Symptome:
  1. Kreislaufüberlastung mit Linksherzinsuffizienz (RR-Anstieg systolisch und diastolisch, evtl. Lungenödem),
  2. Verdünnungshyponatriämie (→ Unruhe, Verwirrtheit, Übelkeit, Eintrübung, Koma, Krämpfe),
  3. Hämolyse (→ Hypotonie, Tachykardie, massive Blutungen).
    - Diagnostik:
  1. Beim wachen Patienten leichte zerebrale Symptome,
  2. Labor: Hb, HK, Elektrolyte.
    - Therapie:
  1. Flüssigkeitsrestriktion,
  2. Diuretika, evtl. NaCl 20%, evtl. KCl,
  3. evtl. invasives Monitoring,
  4. Dobutamin, Suprarenin, Furosemid 20 mg, evtl. Fortecortin 40 mg.
- Sonstige Komplikationen:
  - Blasenperforation → Unterbauchschmerz, gespanntes Abdomen, Übelkeit, RR-Anstieg.
  - Hyperfibrinolyse, DIC durch Prostatagewebe (Gerinnung).
- Ausleitung:
  - Bei Rücklagerung der Beine Kreislauf überwachen,
  - bei ITN Husten vermeiden.
- Aufwachraum:
  - HK und Elektrolyte kontrollieren,
  - Bewußtseinskontrolle, v.a. im Hinblick auf ein TUR-Syndrom!

Operationen an Hoden und Penis

- Bei Erwachsenen PDA, SPA möglich.
- Bei Kindern ITN.

Spiralenwechsel

- SPA.
- Steinschnittlagerung.

Neurochirurgie

Grundsätzliches

- Tubusfixierung mit Pflaster (s. S. 17)/üblicherweise Benutzung von Magill-Tuben.
- Keine Glukose-5%-Infusion bei Patienten mit erhöhtem Hirndruck bzw. bei intrakraniellen Eingriffen.

Bandscheiben-Operation

- Vorbereitung:
  - ITN als balancierte Anästhesie,
  - Magensonde,
  - 2 peripher-venöse Zugänge.
- Einleitung:
  - DHB / Fentanyl / Pancuronium / evtl. Norcuron / Trapanal / N_2O-O_2 / Enfluran,
  - Antibiotikum: z.B. Refosporin.
- Lagerung:
  - Knie-Ellenbogenlage (Umlagerung in der Einleitung, wenn der Patient intubiert ist) → Thrombosegefahr! → Pat. müssen ATS tragen!

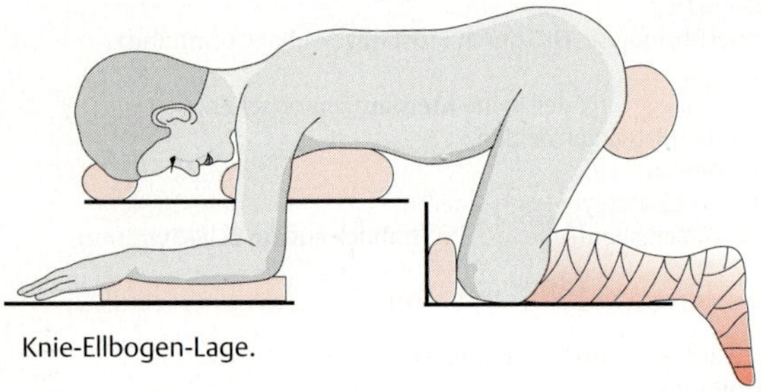

Abb. 14 Knie-Ellbogen-Lage.

- Narkose:
  - Enfluran / N_2O-O_2 / Fentanyl,
  - evtl. Fortecortin 40 mg.
- Monitoring:
  - EKG,
  - RR (Dinamap),
  - $EECO_2$-Messung,
  - möglichst Pulsoximetrie,
  - es sollten 2 Erythrozytenkonzentrate gekreuzt sein!
- Ausleitung:
  - Extubation in der Ausleitung nach Umlagerung ins Bett,
  - Flachlagerung im Bett,
  - Kontrolle von Sensibilität und Motorik der unteren Extremitäten.

Fusionen (HWS-Bereich)

- Vorbereitung:
  - ITN als balancierte Anästhesie oder TIVA mit Disoprivan (50 ml in Perfusorspritze / 1 ml = 10 mg) und 0,25 mg Sufenta (45 ml G 5% + 5 ml Sufenta in Perfusorspritze / 1 ml = 0,005 mg),
  - evtl. fiberoptische Intubation(?!),
  - 2 peripher-venöse Zugänge,
  - Rilac 500 ml mit Verlängerung (beide Arme werden angelagert),
  - am 2. Zugang ebenfalls Verlängerung anbringen,
  - Tubus nach links ableiten.
  - Achtung! Bei bärtigen Patienten: Applica-Folie von oben und unten über das braune Pflaster kleben, weil die gesamte Seite desinfiziert wird → Pflasterfixierung könnte sich sonst lösen!
- Einleitung und Narkoseführung s. S. 134.
- Lagerung:
  - Rücken / Kopfschale.
- Monitoring:
  - EKG,
  - RR,
  - EECO$_2$,
  - Pulsoximetrie besonders wichtig, weil Saal während der Operation häufig verdunkelt.
- Besonderheiten:
  - Das Narkosegerät steht während der Operation am Fußende,
  - es werden 2 Rö-Geräte benutzt! Diesen ist der Capnologsensor gern im Weg!
  - „Windmühle" ziemlich weit unten am Operationstisch anbringen!
  - Es sollten 2 Erythrozytenkonzentrate gekreuzt sein!
- Ausleitung:
  - Extubation in der Ausleitung nach Umlagerung ins Bett,
  - Flachlagerung im Bett,
  - Kontrolle von Sensibilität und Motorik der Extremitäten,
  - Halskrawatte.

Knochendeckelreimplantationen

- Vorbereitung:
  - ITN als balancierte Anästhesie.
- Einleitung:
  - 1 peripher-venöser Zugang reicht gewöhnlich,
  - DHB / Fentanyl / Trapanal / Pancuronium / evtl. Norcuron / N_2O-O_2 / Isofluran.
- Achtung! Bepanthen-Salbe in die Augen und gut mit Pflaster abdichten, weil im Kopfbereich desinfiziert wird!
- Lagerung:
  - Rückenlagerung oder Oberkörper 15 – 30° erhöht.
- Monitoring:
  - EKG,
  - RR,
  - EECO$_2$.
- Narkose:
  - Fentanyl / N_2O-O_2 / Isofluran.

- Bei erhöhtem intrakraniellen Druck:
  - Kein N_2O,
  - Fortecortin 40 mg i. v.,
  - Osmofundin,
  - Lasix → Blasenkatheter(!),
  - Dopaminperfusor,
  - moderate Hyperventilation ($EECO_2$: 3,8 – 4,1 %).
- Postoperativ:
  - Auf Hirndrucksymptomatik achten!

Externe/Interne Liquordrainage

- Vorbereitung:
  - ITN als balancierte Anästhesie (bei Kindern Inhalationsanästhesie),
  - je nach Dauer der OP: Blasenkatheter (bei Säuglingen evtl. Klebebeutel),
  - Wärmelampe + Wärmetisch (v. a. bei Kindern),
  - 500 ml NaCl 0,9 %-Infusion,
  - bei Kindern Päd II (bei Kindern < 5 kg KG als Perfusor),
  - Pulsoximetrie,
  - 1 – 2 peripher-venöse Zugänge,
  - evtl. ZVK (wenn Patient in schlechtem Allgemeinzustand) → V. basilica!
  - Temperatur-Sonde,
  - Ösophagusstethoskop mit integrierter Temperatur-Sonde bei Kindern.
- Handelt es sich um Säuglinge:
  - Kuhn-System in der Einleitung,
  - Servo D + Atemgasanalysegerät in den Saal stellen,
  - Dinamap mit Manschetten für Säuglinge,
  - Kindernotfalltablett,
  - Tablett für kapilläre BGA.
- Einleitung:
  - Trapanal/DHB/Fentanyl/Pancuronium/evtl. Norcuron,
  - Isofluran bis 0,5 Vol.%,
  - bei Kindern:
    - Halothan zur Einleitung möglich/Fentanyl evtl. weglassen,
  - Antibiotikum: z. B. Refosporin.
- Bepanthen-Augensalbe in die Augen und gut mit Pflaster abdichten!
- Bitte präoperativ die Pupillen beurteilen, damit postoperativ keine unnötige Unruhe entsteht!
- Monitoring:
  - EKG,
  - RR,
  - $EECO_2$,
  - Pulsoximetrie,
  - Temperatur,
  - evtl. Urinausscheidung,
  - evtl. ZVD.
- Narkose:
  - Fentanyl/N_2O-O_2/Isofluran,
  - bei Kindern: auch Halothan möglich.

- Kinder werden immer im Saal ausgeleitet!
- Auch hier gilt: Es sollte eine Pflegekraft dabei sein, wie grundsätzlich in der Kinderanästhesie!

Stereotaktische Probeentnahme bei Patienten mit Hirntumor

- Narkoseeinleitung im OP (Einleitungsraum):
  - ITN als balancierte Anästhesie oder modifizierte NLA oder TIVA (z. B.: Disoprivan 50 ml in Perfusorspritze / 1 ml = 10 mg und intermittierende Fentanylgabe),
  - Magill-Tubus,
  - 1 peripher-venöser Zugang,
  - NaCl 9,0% 500 ml,
  - EKG,
  - RR,
  - Pulsoximetrie.
- Transport zum CT-Raum:
  - Oxylog + Sauerstoff / Ambubeutel,
  - Transportmonitor (z. B. Sirecust),
  - Pulsoximeter mitnehmen,
  - Notfalltablett,
  - Narkosetablett,
  - Maske für den Fall, daß der Tubus disloziert,
  - der narkotisierte Patient wird auf dem Operationtisch liegend in den CT-Raum transportiert,
  - Anästhesist bleibt im CT-Raum, Pflegekraft kann nebenan warten,
  - Patient bekommt Metallrahmen rund um den Kopf (wird verschraubt),
  - anschließend Fahrt zurück zum Operationssaal,
  - Gesamtdauer: eine halbe bis dreiviertel Stunde.
- Falls die Neurochirurgen sich entschließen den Tumor zu extirpieren: ZVK, BVK etc. (s. Tumorextirpation).

Intrazerebrale Eingriffe: Tumorchirurgie

- Großhirntumor.
- Kleinhirntumor.
- Kleinhirnbrückenwinkeltumor.
- Vorbereitung:
  - Pat. 15 – 30° OK-hoch lagern,
  - ITN als balancierte Anästhesie,
  - Magensonde,
  - ZVK (V. basilica / wenn nicht möglich: V. subclavia),
  - evtl. MLK,
  - arterielle Kanüle,
  - BVK mit integrierter Temperatur-Sonde,
  - Wärmelampe / Wärmetisch / Bair-Hugger,
  - 2 peripher-venöse Zugänge; NaCl 0,9%-Infusion,
  - Relaxometrie / Myotest,
  - Trapanalperfusor (z. B.: 1 g auf 40 ml Aqua) oder Brevimytalperfusor (z. B.: 500 mg auf 50 ml Aqua).

- Einleitung:
  - DHB/Fentanyl/Trapanal oder TIVA mit Disoprivan (50 ml in Perfusorspritze/1 ml = 10 mg) und 0,25 mg Sufenta (45 ml G 5% + 5 ml Sufenta in Perfusorspritze/1 ml = 0,005 mg)/Pancuronium,
  - Antibiotikum: z.B. Refosporin,
  - Augensalbe s.o.,
  - Infusionshalterung direkt am Operationstisch anbringen (erleichtert das weitere Procedere),
  - Fortecortin 40/80 mg.
- Lagerung:
  - OK 15–30° erhöht,
  - Kopf seitlich zur kontralateralen Seite,
  - Schulter unterpolstert auf der Seite des Tumors,
  - ggf. Seitenlage.
- Monitoring:
  - EKG,
  - invasive arterielle Blutdruckmessung,
  - Pulsoximetrie,
  - $EECO_2$,
  - ZVD,
  - Temperatur,
  - Relaxometrie,
  - Urinausscheidung,
  - Laborwerte.
- Narkose:
  - Fentanyl bzw. Sufenta-Perfusor und Disoprivanperfusor bei TIVA,
  - Trapanalperfusor → 2 mg/kg KG/h (bei TIVA nicht erforderlich),
  - Pancuronium 1 mg nachgeben, wenn der 2. der T4-Reize sichtbar ist,
  - N_2O-O_2,
  - Isofluran bis 0,5 Vol.%,
  - Eks sollten gekreuzt sein,
  - Testseren und Bedsidetestkarten müssen vorhanden sein!
  - BGA, Elyte, BZ, HK 10 min. nach Operationsbeginn und nach Bedarf während der Operation bzw. postoperativ.
- Im Bedarfsfalle:
  - Diuresestimulation: Osmofundin 20% 125 ml,
  - Lasix nach Indikation (Operateur),
  - Dopaminperfusor,
  - moderate Hyperventilation: $EECO_2$: 3,8–4,1%.
- Ausleitung:
  - Schutzreflex-Kontrolle,
  - neurologischer Status,
  - evtl. Intensiv-Therapie erforderlich.
- Bei Operation in sitzender Position (z.B.: Kleinhirntumor):
  - Ultraschallsonde präkordial fixieren;
  - Warum? Bei Eröffnung von Duragefäßen in sitzender Position kann es zu Luftembolien kommen (Mühlengeräusch!).

Eingriffe in sitzender Position (Besonderheiten)

- Einleitung wie für die jeweilige Art des Eingriffs erforderlich.
- Kapnometrie.
- Volumenvorgabe (nach ZVD), dann langsames Aufrichten, RR/HF-Kontrolle! 500 ml HÄS/500 ml NaCl 0,9%.
- Kopf nicht zu stark beugen → gestörter venöser Abfluß.
- Beine möglichst hochlagern → besserer venöser Rückfluß.
- Anbringen der Ultraschallsonde rechts präkordial (gut fixieren!).
- Bei Einleitung ZVK-Lage mittels EKG-Ableitung kontrollieren. (NaCl 20% bereitlegen und System α-Card oder Certodyn benutzen) Wenn Kontrolle so nicht möglich: Rö-Durchleuchtung im Operationssaal.
- Patienten der ASA-Klasse > III, insbesondere bei kardialer Anamnese mit erhöhtem Risiko für intraoperative Probleme (Bradyarrhythmien etc.) bekommen ein Einführungsbesteck in die V. subclavia, damit im Notfall schnell invasives Monitoring möglich ist oder eine SM-Sonde eingeführt werden kann.
- Druckaufnehmer in Höhe des Operations-Situs abgleichen.
- ZVD sollte möglichst > 0 liegen.
- Funksteuerung des Operationstisches ausschalten.
- Leere 20-ml-Spritze für den Fall einer Luftembolie bereitlegen.
- **Bei Luftembolie:**
  1) Operateur informieren,
  2) 100% Sauerstoff/PEEP,
  3) Jugularvenenkompression,
  4) Luft über ZVK absaugen,
  5) Operationsgebiet fluten, Venen abklemmen,
  6) evtl. Kopf-Tief-Lagerung, Linksseitenlage,
     Cave: HWS-Fraktur → **erfahrener** Lagerungspfleger!

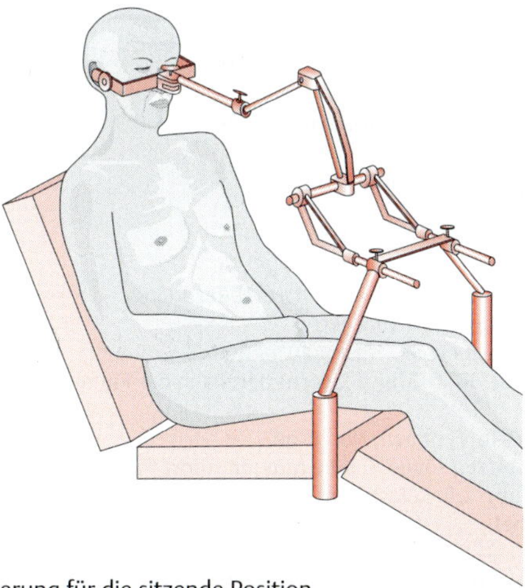

Abb. 15 Lagerung für die sitzende Position.

Bestrahlung bei eröffnetem Schädel

- Kann erforderlich sein, wenn der Tumor operativ nicht entfernt oder zumindest nicht komplett entfernt werden kann.
- Patienten werden in Narkose auf dem Operationstisch zum Bestrahlungsraum transportiert.
- Dauer der Bestrahlung: ca. 10 Min.
- Vorbereitung:
  - Oxylog + Sauerstoff,
  - Transportmonitor (z. B. Sirecust),
  - Pulsoximeter aus dem Saal mitnehmen,
  - Infusionsstange an den Operationstisch anschrauben,
  - Notfallmedikamente + Ebrantil-Ampulle,
  - Narkosetablett,
  - Maske (für evtl. Extubation).
- Durchführung:
  - Narkotisierter Patient wird, auf dem Operationstisch liegend, in den Bestrahlungsraum gefahren.
  - Im Bestrahlungsraum werden 2 Kameras ausgerichtet, die es ermöglichen von draußen Pulsoximetrie und Beatmungsdrücke zu beobachten. Ein Sauerstoffanschluß für den Oxylog ist vorhanden.
  - Der Raum muß während der Bestrahlung verlassen werden!
  - Im Notfall kann die Bestrahlung unterbrochen werden!
  - Die Tür ist erst dann zu öffnen, wenn die Bestrahlung sicher unterbrochen wurde (Sicherheitsschranke)!
  - Anschließend wird der Patient wieder zum Operationssaal transportiert, wo der Schädel verschlossen wird.

Entlastungstrepanation bei intrakranieller Blutung und epidurale Drucksonden

- Vorbereitung:
  - ITN als balancierte Anästhesie,
  - 2 peripher-venöse Zugänge,
  - ZVK V. basilica (evtl. V. subclavia),
  - arterielle Kanüle,
  - BVK und integrierte Temperatur-Sonde,
  - Magensonde,
  - Wärmetisch vorher organisieren,
  - Wärmelampe,
  - Effortil und Ebrantil (aufgezogen)/evtl. Trandate,
  - Notfallmedikamente (Mini-Jets),
  - Trapanalperfusor (z. B.: 1 g auf 40 ml Aqua),
  - Patienten 15–30° OK-hoch lagern! bereits in der Einleitung!
- Einleitung:
  - Trapanal/DHB/Fentanyl/Norcuron,
  - **Cave:** RR-Spitzen sowie Abfälle müssen sofort therapiert werden (s. o.)!
  - Antibiotikum: z. B. Refosporin,
  - **Augensalbe!**
- Lagerung:
  - Rücken, 15–30° OK-hoch.

- Monitoring:
  - EKG,
  - invasive arterielle Blutdruckmessung,
  - Pulsoximetrie,
  - $EECO_2$,
  - ZVD,
  - Temperatur,
  - Urinausscheidung.
- Narkose:
  - Trapanalperfursor: bis 2 mg/kg KG/h,
  - Fentanyl, Norcuron, Isofluran bis 0,5 Vol.%,
  - N_2O nur wenn intrakranielle Lufteinschlüsse sicher ausgeschlossen.
- Hirnödemprophylaxe:
  - Fortecortin 40 mg,
  - Moderate Hyperventilation ($EECO_2$: 3,8 – 4,1 %).
- Blutentnahme:
  - BGA, Elyte, BZ, HK 10 Min. nach Operationsbeginn; intraoperativ sowie postoperativ nach Bedarf.
- Ausleitung:
  - Schutzreflexe!
  - Kontrolle von Vigilanz, Sensibilität und Motorik.

Hypophysenadenom

- Vorbereitung:
  - ITN als balancierte Anästhesie oder TIVA mit Disoprivan (50 ml in Perfusorspritze / 1 ml = 10 mg) und 0,25 mg Sufenta (45 ml G 5% + 5 ml Sufenta in Perfusorspritze / 1 ml = 0,005 mg),
  - 2 peripher-venöse Zugänge, wenn möglich am linken Arm, da der rechte Arm intraoperativ angelagert wird und am rechten Oberschenkel Fett und Faszie entnommen werden,
  - ZVK V. basilica,
  - arterielle Kanüle, möglichst am linken Arm (Begründung s. oben),
  - BVK,
  - Magensonde (oral, da operatives Vorgehen transnasal bzw. tanssphenoidal),
  - Temperaturmessung (rektal oder über den BVK),
  - Wärmetisch vorher organisieren,
  - Wärmelampe.
- Einleitung:
  - Trapanal / DHB / Fentanyl oder Disoprivan/Sufenta (s. o.) / Norcuron,
  - orale Intubation, Fixierung im Bereich des linken Mundwinkels, kein Pflaster im Bereich der Oberlippe (operativ muß sublabiales Vorgehen möglich sein) → Fixierung wie in der HNO,
  - Abstopfen des Rachens mit NaCl 0,9% oder Hexoral-getränkter Mullwickel (das Ende der Mullwickel im Bereich des Mundwinkels mit Pflaster fixieren),
  - Magensonde oral (Begründung s. oben),
  - Augensalbe,
  - Antibiotikum: z. B. Mandokef,
  - 100 mg Hydrocortison perioperativ über 24 Stunden i. v.
- Lagerung:
  - Rücken, 10 – 15° OK-hoch.

- Monitoring:
  - EKG,
  - invasive arterielle Blutdruckmessung,
  - Pulsoximetrie,
  - $EECO_2$,
  - ZVD,
  - Temperatur,
  - Urinausscheidung.
- Narkose:
  - Fentanyl/Isofluran bis 0,6 Vol. %/N_2O-O_2/Norcuron oder TIVA: Disoprivanperfusor/Sufentaperfusor/Norcuron/N_2O-O_2,
  - bei intraoperativem Diabetes insipidus: nach Rücksprache mit dem Operateur → Minirin,
  - bei intraoperativem Auftreten von Liquorfluß wird postoperativ vom Operateur eine lumbale Intrathekaldrainage angelegt → PDA-System bereithalten/Überlauf der Drainage (rote Referenzlinie am Stundenglas) sollte im Aufwachraum unter Nasenniveau hängen → pro Stunde tropfen ca. 5 ml Liquor ab.
- Labor:
  - BGA, Elyte, BZ, HK 10 Min. nach Operationsbeginn; intraoperativ sowie postoperativ nach Bedarf.
- Ausleitung und Aufwachraum:
  - Extubation nach Rückkehr der Schutzreflexe,
  - da Nase tamponiert → Atmung nur durch den Mund möglich,
  - im Rachen herablaufendes Blut und Sekrete → Übelkeit und Erbrechen,
  - Hypertonie kann auftreten,
  - Diabetes insipidus möglich,
  - auf Nachblutung achten,
  - auf Liquordrainage achten.

Hirnarterienaneurysma

- Vorbereitung:
  - ITN als balancierte Anästhesie (DHB/Fentanyl/Trapanal) oder TIVA mit Disoprivan (50 ml in Perfusorspritze/1 ml = 10 mg) und 0,25 mg Sufenta (45 ml G 5% + 5 ml Sufenta in Perfusorspritze/1 ml = 0,005 mg)/Pancuronium,
  - arterielle Kanüle,
  - Magensonde,
  - BVK und integrierte Temperatur-Sonde,
  - ZVK (V. basilica, wenn nicht möglich: V. subclavia) evtl. MLK + Schleuse,
  - Relaxometrie/Myotest,
  - Trapanalperfusor (z.B.: 1 g auf 40 ml Aqua),
  - bei Burst-Suppression mittels EEG → Brevimytal-Perfusor,
  - Wärmetisch vorher organisieren,
  - Wärmelampe/evtl. Bair-Hugger(?!),
  - NaCl 0,9%-Infusion(!),
  - 2 peripher-venöse Zugänge,
  - bei Operation in sitzender Position → Ultraschallsonde!,
  - Notfallmedikamente (Mini-Jets),

- Ebrantil aufziehen (Trandate + Effortil bereitlegen),
- Nimodipin-Perfusor vorbereiten,
- Fortecortin 40/80 mg,
- **Pat. schonend beatmen,**
- **absolutes Vermeiden von Blutdruckanstiegen!**
- **Augensalbe!**
- Antibiotikum: z. B. Refosporin.

➤ Bei Indikation durch den Operateur wird bei der Narkoseeinleitung lumbal ein Spinalkatheter angelegt (zum intraoperativen Ablassen von Liquor).

➤ Lagerung:
- OK 15–30° OK hoch,
- Kopf seitlich zur kontralateralen Seite,
- Schulter auf der Tumorseite unterpolstert; ggf. Seitenlagerung.

➤ Sonstiges s. Narkose für intrakranielle Eingriffe.

Meningomyelozele und Meningozele

➤ Servo D/Dinamap.

➤ Atemgasanalysegerät (z. B.: Nellcor oder Capnomac).

➤ Pulsoximeter.

➤ Wärmelampe.

➤ 2 periphervenöse Zugänge.

➤ Sonstige Vorbereitungen s. S. 80 ff.

➤ Meningomyelozele:
- Haut, Wirbelbogen, Rückenmarkshäute und Rückenmark sind gespalten und die Rückenmarksanlage durch einen Hydrops vorgewölbt,
- kann in allen Abschnitten des Rückenmarks vorkommen → entsprechende neurologische Funktionsstörungen treten auf,
- Hauptrisiko: Infektion des zentralen Nervensystems (weil die schützenden Hüllen fehlen) → Operation meist in der ersten Lebenswoche (präoperativ wird die Meningomyelozele mit steriler Gaze abgedeckt),
- Operation: Reposition des Rückenmarks und der Nervenwurzeln in den Spinalkanal und Verschluß des Spaltes in Rückenmarkshäuten, Wirbelkanal und Haut.

➤ Meningozele:
- Wirbelbogen und Dura mater sind gespalten,
- das Rückenmark befindet sich im Spinalkanal,
- die Sackwand besteht aus Haut und Arachnoidea.

➤ Anästhesiologische Besonderheiten:
- Es sollte ausreichend Blut gekreuzt sein!
- Operation erfolgt in Bauchlage (Schutz vor Lagerungsschäden, freie Beweglichkeit des Bauches),
- mit Lagerungsschwierigkeiten bei der Narkoseeinleitung rechnen, besonders bei Enzephalozelen; evtl. Intubation in Seitenlage,
- Flüssigkeits- und Wärmeverluste durch Verdampfung über die Meningomyelozele.

Spinalkanaleingriffe

- Vorbereitung:
  - ITN als balancierte Anästhesie,
  - ZVK V. basilica,
  - Temperatur-Sonde,
  - BVK,
  - Magensonde.
- Einleitung:
  - DHB / Fentanyl / Trapanal / Pancuronium / evtl. Norcuron,
  - Antibiotikum: z. B. Refosporin.
- Lagerung:
  - Im Einzelfall absprechen (Bauchlage + Kopfschale; Hockstellung o. a.).
- Monitoring:
  - EKG,
  - RR,
  - Pulsoximetrie,
  - $EECO_2$,
  - Temperatur,
  - ZVD,
  - Urinausscheidung.
- Narkose:
  - Fentanyl / N_2O-O_2 / Enfluran.
- Im Bedarfsfalle:
  - Fortecortin 40 / 80 mg,
  - Diuresestimulation → Osmofundin 20 % 125 ml / Lasix nach Anordnung,
  - Antibiotikum evtl. alle 4 h intraoperativ.
- Achtung: Wenn evozierte Potentiale während des Eingriffs, keine volatilen Anästhetika → statt dessen: Dormicum / Fentanyl oder Propofol / Fentanyl.
- Ausleitung:
  - Extubation in der Ausleitung nach Umlagerung ins Bett,
  - Halskrawatte bei HWS-Eingriffen!
  - OK 30° erhöht lagern,
  - am wachen Patienten Kontrolle der Neurologie.

Besonderheiten der Anästhesie in der Unfall-Chirurgie

- S. S. 31 f, 36 ff, 43 ff (Regionalanästhesieverfahren).

Polytrauma

- Definition:
  - Gleichzeitig entstandene Verletzung mehrerer Körperregionen oder Organsysteme, wobei wenigstens eine Verletzung oder die Kombination mehrerer Verletzungen lebensbedrohlich ist (Tscherne 1977).
- Die Versorgung des polytraumatisierten Patienten wird in 6 Phasen eingeteilt.
- Anästhesist ist Koordinator → für Vitalfunktionen verantwortlich.

1. Reanimationsphase

- Sicherung der Vitalfunktionen im Schockraum / ABC-Schema:
  - Sicherung der Atemfunktion (frühzeitige Beatmung / Crush-Intubation),
  - 1mal endotracheal absaugen (→ Ausschluß von Blut oder aspiriertem Material),
  - EKG / RR-Messung (Dinamap) / Pulsoximetrie,
  - Schockbekämpfung (mehrere großlumige periphervenöse Zugänge und / oder Einführungsbestecke),
  - Patient wird vollständig entkleidet (Wertgegenstände und Personaldokumente sichern),
  - Schmerzbekämpfung **(wenn möglich, vorher neurologischer Status)**,
  - Diagnostik zum Abklären vitaler Operationsindikationen (Sonographie / Rö-Thorax / CT/Röntgen-Extremitäten),
  - Labordiagnostik; Hb, HK, Gerinnung, Harnstoff, Kreatinin, Blutgruppe, Kreuzblut, BZ, Elektrolyte, BGA,
  - Blutkonserven anfordern (meist 6 – 10 Stück),
  - großzügige Indikation zur direkten arteriellen Blutdruckmessung (dies ist jedoch keine Initialmaßnahme),
  - Blasenkatheter (Urinbefund),
  - bei mehreren bewußtlosen Verletzten, Patienten verwechslungssicher kennzeichnen,
  - ggf. Hinzuziehen weiterer Fachabteilungen erforderlich (z. B. NCH, MKG, Radiologie, Urologie).
- **Achtung!**
  - Niemals einem Patienten im Schockraum eine Magensonde legen, bevor definitiv abgeklärt ist, daß keine Verletzungen im Mittelgesicht bzw. im Bereich der Schädelbasis bestehen!
- **Außerdem!**
  - Patienten nur mit ausreichend vielen Helfern vorsichtig umlagern (Wirbelsäulenverletzungen!). Am besten wäre eine Vakuummatratze!
  - Schanzsche Krawatte bis zum sicheren Ausschluß von HWS-Frakturen anlegen!

2. Erste Operationsphase

- Sicherung der Vitalfunktionen durch Versorgung akut lebensbedrohlicher Verletzungen.

- Grundsätze:
  - RR-Kontrolle,
  - EKG,
  - Pulsoximetrie,
  - ZVD-Messung,
  - endexpiratorische CO_2-Messung,
  - Oxidig,
  - Laborkontrollen (Hb, HK, Elyte, BGA, Gerinnung),
  - Schockbekämpfung.
- **Achtung!**
  - die Narkoseeinleitung ist bei Patienten im Schock eine besonders kritische Phase, in der bereits geringe Dosen potenter Anästhetika einen Zusammenbruch der Herz-Kreislauf-Funktion hervorrufen können. → Hypnomidate und/oder Dormicum mit Fentanyl + Relaxans geben (evtl. Ketanest/Dormicum).
- Aufrechterhaltung der Narkose:
  - Möglichst keine volatilen Anästhetika einsetzen.
  - **Vorsicht mit Lachgas:** Bei Patienten im Schock kann die sonst relativ geringe kardiodepressive Wirkung verstärkt werden; außerdem kann sich aufgrund von Verletzungen freie Luft im Körper befinden (N_2O ist kontraindiziert bei Pneumothorax oder Pneumenzephalon) → balancierte Anästhesietechnik bzw. modifizierte Neuroleptanästhesie wählen.

3. Erste Stabilisierungsphase

- Weitere Stabilisierung der Vitalfunktionen auf der Intensivstation.

4. Zweite Operationsphase

- Abwendung von lebensbedrohlichen Komplikationen.

5. Zweite Stabilisierungsphase

- Endgültige Stabilisierung der Vitalfunktionen und Organsysteme auf der Intensivstation.

6. Dritte Operationsphase

- Definitive operative Versorgung aller Verletzungen und ggf. Wiederherstellungschirurgie.
- Materielle Voraussetzungen zur Versorgung von polytraumatisierten Patienten:
  - Patientenliege muß von allen Seiten zugänglich sein,
  - Beleuchtung,
  - Monitoring:
    - EKG,
    - invasive arterielle Blutdruckmessung (System vorbereitet),
    - ZVD-Messung (System vorbereitet),
    - Temperatur,
    - Pulsoximetrie,
    - Dinamap,
    - Kapnometrie,
  - Narkosegerät und Absaugung,
  - Maquetwagen (darauf vorbereitet: Tubus 7,5/8,0/8,5/Magensonde/verschiedene Laryngoskope),
  - aufgezogenes Notfalltablett (Atropin, Suprarenin, Effortil, Calcium, Xylocain, Alupent, evtl. Ebrantil),
  - fertiges Narkosetablett (Trapanal, Atropin, Norcuron, Pancuronium, Succinyl, Hypnomidate, Dormicum, DHB, Fentanylspritze),

- Infusionsständer mit Infusionen und Volumenersatzmitteln sowie Überdruckmanschetten,
- Sets z. B. für BVK, ZVK, Thoraxdrainage, Blutentnahme,
- steriles Verbandsmaterial / sterile Instrumente (Wundversorgungssets),
- Operationshandschuhe,
- Schürzen,
- Kleiderscheren,
- Dokumentationsmaterial (Narkoseprotokolle),
- Defibrillator,
- Herzschrittmacher,
- Zubehör für Kindernarkosen.

➤ Für den Transport des Patienten zur weiteren Diagnostik oder in den Operationssaal:
  - Ambubeutel,
  - O_2-Flasche (Oxett),
  - transportabler Monitor (EKG / Drucküberwachung),
  - Pulsoximetrie,
  - Infusionsständer an der Transport-Trage.

➤ Die Ausstattung des Notfallraumes muß mindestens einmal täglich auf Vollständigkeit überprüft werden. Verbrauchtes Material muß sofort ersetzt werden!

Besonderheiten der Anästhesie in der Allgemeinchirurgie

- Häufig Patienten, die präoperativ Natriumcitrat p. o. bekommen und „crush-intubiert" werden müssen.
  - Z. B.: Patienten mit
    Ileus,
    Ösophagusdivertikel,
    Hiatushernie,
    Zenker Divertikel,
    Kardiainsuffizienz bzw. Reflux.
- Folgende Operationen sind nicht erwähnt:
  - Für die Vorbereitungen sind keine besonderen Maßnahmen, abgesehen von den erwähnten, erforderlich:
    - Leistenhernie,
    - Gastrektomie (Silikon-MS),
    - Zenker Divertikel (Crush-Intubation/Magensonde nur unter digitaler Kontrolle des Operateurs),
    - Ösophagus-Divertikel (Crush-Intubation/keine Magensonde),
    - Sigmaresektion,
    - Kolektomie,
    - Hiatushernie,
    - Cholezystektomie,
    - Tenkhoffkatheter.

Ileus

- Der mechanische Ileus ist eine lebensbedrohliche Unterbrechung der Darmpassage, die chirurgisch behandelt werden muß.
- Ileuspatienten haben häufig ein großes Volumendefizit (Flüssigkeits-Sequestration von bis zu 8 Litern pro 24 Stunden in den Darm).
  → Isotone Dehydratation,
  → Eiweißverlust,
  → Kaliumverlust.
- Anästhesiologisches Vorgehen:
  - Labor: Elektrolyte, Kreatinin, Harnstoff, Eiweiß, evtl. BGA!
  - Hypovolämie beseitigen,
  - Serumkalium normalisieren,
  - evtl. H_2-Blocker (z.B. Zantic oder Tagamet) oder Antra geben, um pH-Wert des Magensaftes anzuheben,
  - evtl. 30 ml Natriumzitrat 0,3-molar vor Narkoseeinleitung zu trinken geben, um pH-Wert des Magensaftes anzuheben,
  - evtl. Magensonde vor der Narkoseeinleitung, um den Mageninhalt abzusaugen → vor Intubation Magensonde wieder entfernen (Leitschiene für Aspiration).
- Anästhesieverfahren:
  - Intubationsnarkose bzw. modifizierte Neuroleptanästhesie/balancierte Anästhesietechnik.
- Überwachung:
  - Standard:
    - EKG,
    - RR,

  - Pulsoximetrie,
  - Beatmungsparameter,
  - Capnometrie.
- Erweitert:
  - Temperatur,
  - Blasenkatheter,
  - ZVK,
  - invasive arterielle Druckmessung.

➤ Ileuspatienten sind immer als nicht nüchterne Patienten zu behandeln!

➤ Bei Dünndarmileus ist die Aspirationsgefahr während der Narkoseeinleitung aufgrund des erhöhten intraabdominellen Druckes und des Zwerchfellhochstandes besonders groß!

➤ Vorbereitung einer Rapid Sequence Induction (Crush-Intubation):
- 2 aufgezogene Trapanalspritzen (je 0,5 g),
- 2 aufgezogene Succinylcholinspritzen (je 100 mg),
- 2 funktionierende Sauger (davon ein Operationssauger),
- 2 funktionierende Laryngoskope (Griff + Spatel),
- überprüfter Tubus Größe 7,5 oder 8,0 (Magill),
- ein kleinerer Tubus sollte aus Sicherheitsgründen schnell griffbereit sein,
- der Tubus sollte mit einem Führungsstab versehen sein und die Blockerspritze an den Pilotschlauch des Cuffs angeschlossen sein,
- überprüftes Narkosegerät,
- 2 Magensonden.

➤ Lagerung des Patienten – Vorbereitung:
- Patienten in 45° Oberkörperhochlagerung bringen,
- dem wachen Patienten eine Magensonde legen und flüssigen Mageninhalt absaugen,
- 30–50 ml Natriumzitrat über die Magensonde geben um den pH-Wert des evtl. verbliebenen Magensaftes anzuheben,
- Sonde wieder entfernen.

➤ Durchführung der Narkoseeinleitung bzw. der Intubation:
- Vorbereitete Materialien überprüfen,
- Erklärung des Vorgehens für den Patienten,
- wenn möglich, Einleitung zu dritt durchführen,
- Pat. in 45° Oberkörperhochlage bringen, falls noch nicht geschehen,
- EKG/RR/Pulsoximetrie anschließen,
- Bänkchen für den Anästhesisten ans Kopfende stellen,
- Patienten über 5 min präoxigenieren (100% O_2 + hoher Flow),
- Maske dicht auf das Gesicht des Patienten aufsetzen, Umschalthebel nach unten stellen (halboffenes System)/nicht beatmen(!),
- RR-Messung,
- Präcurarisierung mit 0,5–1 mg Norcuron oder Pancuronium,
- zügige Trapanalgabe (5–8 mg/kg KG),
- sobald der Patient schläft, drückt ein Helfer das Krikoid gegen die Wirbelsäule (mit mindesens 5 kp Kraft), um den Ösophagus zwischen Wirbelsäule und Krikoid zu verschließen; (Sellick-Handgriff/Krikoid-Druck),
- unmittelbar darauf Gabe von 1,5–2 mg/kg KG Succinylcholin,
- Laryngoskopie und Intubation per os; der Cuff wird sofort geblockt und auskultatorisch unter Handbeatmung die korrekte Lage des Tubus überprüft; erst jetzt wird der Sellick-Handgriff losgelassen,

- jetzt erhält der Patient eine Magensonde, und die Narkose wird nach Fixierung von Tubus und Magensonde fortgeführt,
- Cuffdruck-Kontrolle.

➤ Zwischen Einleitung der Narkose und Intubation darf auf keinen Fall mit der Maske beatmet werden!

➤ Ausnahme:
- Intubation schwierig oder unmöglich!
  → Unter Beibehalten des Sellick-Handgriffes so lange mit der Maske beatmen bis der Patient wieder spontan atmet!

➤ Sind Intubationsschwierigkeiten zu erwarten oder ist Succinylcholin kontraindiziert, so sollte die Intubation am wachen Patienten vorgenommen werden (vorhandene Schutzreflexe), z. B. als fiberoptische Intubation.

➤ Ist Succinylcholin kontraindiziert, kann die Crush-Intubation mit Norcuron durchgeführt werden! (mit dem Anästhesisten absprechen!)

➤ **Achtung!**
- Sollte der Patient trotz Trapanalgabe während der Durchführung des Sellick-Handgriffes „aktiv" erbrechen → **sofort** den Cricoid-Druck aufheben (wegen Ösophagusrupturgefahr!), mit großlumigem Absaugkatheter absaugen, Patienten in Oberkörpertieflage bringen und zur Seite drehen!

➤ Besteht der Verdacht einer Aspiration, so ist folgendes Verfahren indiziert:
- Möglichst vor der Beatmung endotracheal absaugen (suffizienter Sauger/ großer Absaugkatheter),
- Oberkörpertieflagerung,
- pH-Wert des abgesaugten Materials bestimmen (wenn pH-Wert > 2 ist ein Mendelson-Syndrom relativ unwahrscheinlich),
- Beatmung mit 100% Sauerstoff und PEEP 5 cm H_2O,
- keine Spülung, v. a. nicht bei Aspiration hochsauren Magensaftes
  → Verhinderung der peripheren Ausbreitung,
- Fiberbronchoskopie zur gezielten Bronchialspülung und zum Entfernen eventueller Reste in den Luftwegen.

➤ Bei Bronchospasmus:
- Bronchodilatatoren,
- Kortikosteroide solange Giemen vorhanden,
- zunächst keine Antibiotika,
- v. a. bei Aspiration von saurem Mageninhalt → Verlegung auf die Intensivtherapiestation zwecks engmaschiger Überwachung und kontrollierter Beatmung.

➤ Narkoseführung bei Ileus:
- Die Verwendung von Lachgas kann zu einem weiteren Aufblähen der häufig bereits stark gedehnten Darmschlingen führen (weil Lachgas in luftgefüllte Räume diffundiert). Daher empfiehlt es sich bis zur Entlastung des Darmes eine „lachgasfreie" Narkose durchzuführen.

➤ **Vorsicht!**
- Narkosetiefe muß gewährleistet sein (Opiatgabe und Sedativum oder Konzentrationserhöhung der Inhalationsnarkotika).

➤ Der Darm reagiert sehr empfindlich auf:
- Zug,
- Druck,
- Quetschung.
  - Die Folge kann eine Ausschüttung von kreislaufaktiven Substanzen (z. B. Serotonin oder Histamin) sein.

- Folgende klinische Zeichen:
  - Hautrötung,
  - Tachykardie,
  - RR-Abfall.

Karotisstenose

- Vorbereitung bzw. Einleitung:
  - ITN als balancierte Anästhesie oder NLA,
  - Magill-Tubus oral; mit Pflaster zur Gegenseite fixieren,
  - arterielle Kanüle,
  - ZVK,
  - Effortil, Ebrantil, (Trandate) bereitlegen,
  - evtl. NTG-Perfusor (Perlinganit),
  - **Cave:** Hyper-/Hypotonie!,
  - Patient bekommt einen peripher-venösen Zugang (z. B. 18 G),
  - **die arterielle Kanüle wird vor der Einleitung gelegt,**
  - ZVK: möglichst V. basilica.
- Monitoring:
  - EKG,
  - invasive arterielle Blutdruckmessung,
  - ZVD,
  - $EECO_2$.
- Narkoseführung:
  - Isofluran, Fentanyl,
  - RR sollte nicht unter den Ausgangsdruck bzw. normalen RR des Patienten fallen,
  - möglichst keine Hirnödem fördernden Medikamente (z. B.: NTG, Gluk. 5%),
  - Heparin 5000 I. E. bereithalten,
  - Ventilation zusätzlich durch BGA kontrollieren.
- **Extubation:** Patient sollte direkt postoperativ wach sein.

Bauchwandbruch

- Vorbereitung:
  - ITN als balancierte Anästhesie,
  - peripher-venöser Zugang (z. B. 18 G).
- Monitoring:
  - RR,
  - EKG,
  - $EECO_2$,
  - Relaxometrie.
- Der Patient muß intraoperativ vollständig relaxiert sein und darf bei der Extubation nicht pressen.
- Evtl. muß der Patient postop. 2–3 Stunden im Aufwachraum nachbeatmet werden → nachfragen und Gerät bereitstellen.

Struma / Hyperparathyreoidismus

- Mit evtl. schwieriger Intubation rechnen.
- Material bereitlegen.
- Evtl. Bronchoskop erforderlich.
- Vorbereitung:
  - ITN als balancierte Anästhesie,
  - Succinylcholin?! (sollte griffbereit sein),
  - linker Arm wird ausgelagert,
  - 1 peripher-venöser Zugang.
- Monitoring:
  - EKG,
  - RR,
  - $EECO_2$.
- Die Patienten werden bei Spontanatmung und noch nicht wiedergekehrten Schutzreflexen extubiert → direkte Laryngoskopie und Beurteilung der Stimmbandbeweglichkeit / Abwarten der Schutzreflexe → Aufwachraum.
- **Achtung!**
  - Patienten nur bei intakter Phonation aus dem Aufwachraum verlegen.

Nierentransplantation (NTP)

- Vorbereitung:
  - 500 ml NaCl 0,9% als Infusion,
  - ITN als balancierte Anästhesie (Trapanal, Norcuron, Fentanyl, DHB),
  - Isofluran-Vapor,
  - Magill-Tubus (oral),
  - keine Magensonde,
  - ZVK (Vena jugularis interna rechts),
  - 2 peripher-venöse Zugänge,
  - Shuntarm wird in Rolta-Watte eingewickelt und angelagert,
  - Dinamap (ist im Saal),
  - Pulsoximeter (ist im Saal),
  - **falls Niere in UW-Lösung** (Adenosinhaltig) → Bronchoparat 200 mg bereitlegen (verhindert die durch Adenosin bedingten Kreislaufreaktionen, wie z. B.: Bradykardie und Blutdruckabfall),
  - Dopamin-Perfusor 200 mg,
  - Immunsuppression nach Angaben des Operateurs:
    - Meist: 1000 mg Urbason, 200 mg Imurek.
  - Antibiotikum:
    - Meist Betabactyl (nachfragen).
  - Evtl. benötigt der Patient Cytotekt (nachfragen).
- Monitoring:
  - EKG,
  - RR,
  - SaO_2,
  - $EECO_2$,
  - ZVD,
  - Labor: BGA, K^+, evtl. Hb, HK (zentralvenös).

- Narkoseführung:
  - Dopamin, um systolischen RR um 140 mmHg zu halten,
  - Volumen: NaCl 0,9%, PPL, evtl. Erythrozytenkonzentrate,
  - ZVD sollte um 10 cm H_2O liegen,
  - Normoventilation, evtl. leichte Hyperventilation (K^+-Senkung),
  - venöse BGA → evtl. $NaHCO_3$-Gabe.
  - 1/2 Stunde vor Freigabe der Nierenperfusion → Osmofundin 15% (250 ml über 15–20 Min. i.v.).
  - Nach Freigabe der Nieren- bzw. Beinperfusion:
    → RR-Abfall, da SVR-Abfall + Azidose,
    →Mit $NaHCO_3$ nachpuffern/Volumengabe
  - Beim Einlegen der Niere in die Leistengrube:
    → **Cave:** Pat. kann pressen,
    →manuelle Hyperventilation u. Vertiefung der Narkose mit Isofluran; evtl. Nachrelaxierung erforderlich!
- Nach Extubation werden die Patienten auf die Observationsstation verlegt.

Whipple Operation

- Operabel? → bitte nachfragen!
- Vorbereitung:
  - ITN als balancierte Anästhesietechnik, evtl. NLA,
  - Tubus oral,
  - Silikon-Magensonde,
  - MLK,
  - BVK,
  - Temperatur-Sonde,
  - arterielle Kanüle (nach Einleitung, ggf. erst wenn operabel),
  - 2 peripher-venöse Zugänge (z. B. 14 G/18 G),
  - Dopaminperfusor 200 mg.
- Monitoring:
  - EKG,
  - invasive arterielle Blutdruckmessung,
  - SaO_2,
  - $EECO_2$,
  - ZVD,
  - Temperatur,
  - Urinausscheidung,
  - Labor: Hb, HK, Elektrolyte, BGA, ggf. plasmatische Gerinnung, Thrombozyten.
- Sonstiges:
  - Blutverluste! → Erythrozytenkonzentrate und FFPs sollten vorhanden sein!
  - Patienten benötigen viel Volumen intraoperativ! (Kolloide),
  - Transport des Patienten zur Intensivstation im Vorfeld absprechen! (O_2, Monitor etc.),
  - falls Patient nicht operabel → evtl. Nachbeatmung im Aufwachraum erforderlich!

Abdominothorakale Ösophagusresektion

- Vorbereitung bzw. Einleitung:
  - ITN als balancierte Anästhesie (Trapanal, Fentanyl, DHB, Pancuronium),
  - Robertshaw-Tubus,
  - Carlens-Schloß,
  - Silikon-Magensonde,
  - MLK,
  - 2 peripher-venöse Zugänge (14 G / 16 G),
  - 50 ml Natriumcitrat p.o. vor der Einleitung,
  - BVK,
  - Temperatur-Sonde,
  - evtl. thorakale PDA → wenn ja → an Nahtmaterial denken!,
  - bei geringer Chance auf Operabilität → keine arterielle Kanüle, Magill-Tubus, normale Magensonde, ZVK statt MLK,
  - Robertshaw-Tubus nach Auskultation sicher mit „Lolly" und Bändchen fixieren,
  - Xylocain 2% und Buscopan bereitlegen (falls intraoperativ der Ösophagus spastisch wird).
- Monitoring:
  - EKG,
  - invasive arterielle Blutdruckmessung,
  - SaO_2,
  - ZVD,
  - Urinausscheidung,
  - $EECO_2$,
  - Temperatur,
  - Labor: BGA, Hb, HK, Elektrolyte, ggf. plasmatische Gerinnung, Thrombozyten.
- Erythrozytenkonzentrate und FFPs sollten vorhanden sein!
- Lagerung des Patienten auf dem Operationstisch:
  - Links-Seiten (Schrauben)-Lage,
  - linker Arm wird ausgelagert → Zugänge nach Möglichkeit links,
  - rechter Arm wird am Narkosebügel über dem Kopf gelagert.
- Bronchoskopie:
  - Nach abgeschlossener Lagerung des Patienten → fiberoptische Lagekontrolle des Tubus (Kinderbronchoskop),
  - 100% O_2, Flow evtl. erhöhen, manuelle Beatmung, Pulsoximetrie!
- thorakale Phase:
  - nach Möglichkeit manuelle Beatmung, Pulsoximetrie; intermittierendes Blähen,
  - bei Bronchospasmus:
    - Xylocain 1 mg/kg KG i.v.; Fenoterol-Spray; evtl. Theophyllin.
  - 100-ml-Blasenspritze und offene Rilac-Flasche bereithalten zum Ausspülen der Magensonde,
  - evtl. Xylocain (100 mg) bei spastischem Ösophagus,
  - Buscopan bereithalten,
  - bronchialen Cuff nur während Eine-Lungen-Beatmung und zum Auskultieren blocken!

- Vorgehen bei arterieller Hypoxämie während der Eine-Lunge-Beatmung:
  1. FiO_2 1,0 in ventilierter Lunge,
  2. PEEP (kleiner gleich 10) in ventilierter Lunge,
  3. CPAP der nicht ventilierten Lunge.
- Postoperativ in der Regel Umintubation (Magill-Tubus oral) an der Ausleitung.
- Anschließende Verlegung des Patienten auf die Intensiv-Therapie-Station.

Bauchaortenaneurysma

- Vorbereitung bzw. Einleitung:
  - ITN als balancierte Anästhesie, evtl. NLA,
  - Magill-Tubus (oral),
  - Magensonde,
  - BVK,
  - Temperatur-Sonde,
  - mindestens 3 großlumige Zugänge,
  - arterielle Kanüle (vor Einleitung),
  - Pulmonaliskatheter (vor oder nach Einleitung),
  - NTG (Perlinganit) 10 mg Perfusor,
  - Dopamin 200 mg Perfusor,
  - Ebrantil muß griffbereit sein,
  - HZV-Computer + kalte G 5%-Lösung sollten bereitliegen,
  - Erythrozytenkonzentrate und FFPs sollten vorhanden sein!
  - Blutwärmer,
  - Cell-Saver (zwei Sauger-Schläuche).
- Monitoring:
  - EKG,
  - invasive arterielle Blutdruckmessung,
  - PAP/POP,
  - ZVD,
  - Temperatur,
  - SaO_2,
  - $EECO_2$,
  - Urinausscheidung,
  - Blutverluste,
  - Labor: BGA, Hb, HK, Elektrolyte, plasmatische Gerinnung, Thrombozyten.
- Narkoseführung:
  - Fentanyl, DHB, N_2O, Isofluran (Enfluran),
  - 5000 I.E. Heparin bereithalten.
- Abklemmen der Aorta:
  → Anstieg des SVR, v. a. bei Patienten mit Aortenaneurysma, weniger bei Aortenstenose, da Umgehungskreislauf vorhanden.
- Vor Abklemmen der Aorta:
  → Vasodilatation mit Isofluran/Enfluran oder vasodilatierenden Pharmaka und Volumengabe, um bei Wiedereröffnung der Perfusion (SVR-Abfall; Azidose) RR-Abfälle zu minimieren.
- Vor Freigabe der Reperfusion der Aorta.
  → Rechtzeitig vasodilatierende Pharmaka reduzieren.
- Patienten werden postoperativ auf die Intensiv-Therapie-Station verlegt.

Phäochromozytom

- Vorbereitung bzw. Einleitung:
  - ITN als balancierte Anästhesie (Trapanal, Fentanyl, Norcuron, Isofluran/N_2O),
  - kein DHB,
  - kein Pancuronium,
  - NTG (Perlinganit), Natriumnitroprussid bereithalten,
  - arterielle Kanüle vor der Einleitung,
  - Magensonde,
  - MLK,
  - 2 großlumige peripher-venöse Zugänge,
  - normalerweise wird der linke Arm ausgelagert (Zugänge).

Thymektomie (mediane Sternotomie)

- Atemdepressive Medikamente vermeiden → keine Muskelrelaxantien, keine Opioide (evtl. low dose).
- Vorbereitung bzw. Einleitung:
  - Trapanal,
  - Enfluran/Isofluran,
  - Intubation in tiefer Trapanal- oder Inhalationsnarkose,
  - 2 großlumige peripher-venöse Zugänge,
  - evtl. arterielle Kanüle,
  - ZVK (V. jugularis interna rechts).
- Operation:
  - Mediane Sternotomie:
    - Übliche Komplikationsmöglichkeiten, u. a. Blutung, Pleuraeröffnung, Perikarderöffnung.
- Extubation bei suffizienter Spontanatmung.
- Postoperativ 24 Stunden Intensiv-Therapie,
- Röntgen-Thorax: Pneumothorax(?) (epiphrenisch).

Lebertransplantation

- Vorbereitung bzw. Einleitung:
  - Wärmematte auf Operationstisch,
  - Wärmelampe,
  - 2 Blutwärmer (Level 1 und anderen Blutwärmer)*,
  - Cell-Saver vorbereiten,
  - Dopamin-Perfusor 200 mg,
  - NTG-Perfusor 10 mg (Perlinganit),
  - evtl. Trasylol,
  - Ampho-Moronal, Tobramycin, Polymycin E (für Magensonde),
  - Bronchoparat,
  - Ca-Glukonat 10%,
  - PPL (10), Rilac (10) warmstellen,
  - Erythrozytenkonzentrat, FFP und TK-Verfügbarkeit klären (Labor),
  - 10 Erythrozytenkonzentrate und 10 FFP bei Operationsbeginn; weitere 20 Erythrozytenkonzentrate, 20 FFP und 10 TK muß die Blutbank bereithalten,
  - Schleuse rechts,

- Schleuse links,
- Pulmonaliskatheter,
- arterielle Kanüle,
- BVK,
- Magensonde-Silikon (Cave: Ösophagusvarizen),
- Temperatur-Sonde bzw. BVK und integrierte Temperatur-Sonde,
- Isofluran-Vapor.

➤ Narkosetablett:
  - Absprechen → NLA bzw. balancierte Anästhesietechnik.

➤ Notfallmedikamente!

➤ RIS (Rapid-Infusion-System)
  - Dann sind keine Blutwärmer erforderlich,
  - es müssen keine Infusionen warm gestellt werden,
  - Gerät hat 3 l Reservoir,
  - Pumpgeschwindigkeit einstellbar von 10 ml/h bis 1500 ml/min.,
  - erwärmt alle eingegebenen Infusions- bzw. Transfusionslösungen.

➤ Achtung!
  - Keine Ca-haltigen Lösungen ins Reservoir geben!
  - System niemals mit Blutprodukten vorfüllen (sondern mit NaCl 0,9%).
  - Weiteres s. Gerätekunde!

➤ Beide Arme werden ausgelagert → mehrere großlumige peripher-venöse Kanülen legen **(möglichst nicht auf der Bypass-Seite; Operateur fragen).**

➤ Wichtig!
  - In der anhepatischen Phase wird von den Operateuren ein veno-venöser Bypass angelegt (V. saphena- und evtl. V. porta/V. axillaris) Heparin-bonded-System/Zentrifugalpumpe.
  - Vorteile:
    - Keine Stase in der unteren Körperhälfte,
    - geringerer Blutverlust,
    - bessere Diurese,
    - Darm schwillt nicht.
  - Nachteile:
    - Temperatur-Abfall,
    - Thrombozytopenie,
    - Luftemboliegefahr.

➤ Monitoring:
  - EKG,
  - invasive arterielle Blutdruckmessung,
  - PAP/POP,
  - ZVD,
  - Temperatur,
  - SaO_2,
  - $EECO_2$,
  - Urinausscheidung,
  - Blutverluste,
  - Labor: BGA, HK, Hb, Elektrolyte, plasmatische Gerinnung, Thrombozyten, BZ (intermittierend).

- Narkose:
  - Geringer Anästhetikabedarf (gestörte Elimination, erhöhte zerebrale Empfindlichkeit),
  - kein Lachgas (Darmvolumen kann zunehmen, negativ inotrope Wirkung, Luftembolie),
  - Isofluran bis 0,6 Vol.% und Fentanyl,
  - bei Hypotonie: Benzodiazepin und Fentanyl,
  - Pancuronium.

Anästhesiologische Besonderheiten

- Präanhepatische Phase:
  - Spezifische Medikamente nach Rücksprache mit Operateur:
    - 1 g Methylprednisolon,
    - 200 mg Azathioprin (Imurek),
    - Antibiotikum.
  - Problem: Gerinnung.
    - Gabe von FFP und TK.
  - Problem: Hypotonie.
    - Volumenzufuhr (viel und warm),
    - Dopamin bis zu 10 Microgramm/kg KG/min.,
    - bei hoher Citratzufuhr → Kalziumglukonat injizieren.
  - Problem: Anurie.
    - Dopaminperfusor,
    - Mannit (0,5 – 1 g/kg).
- Bei Manipulation an der Leber:
  → ZVD-Anstieg, PAP-Anstieg, MAP-Anstieg.
- Beim Kanülieren des Bypasses:
  → PEEP auf 10 – 15 cm H_2O.
- Anhepatische Phase:
  - Problem: Hypotonie.
    - s. o.
  - Problem: Hypoglykämie.
    - Glukoseinfusion.
  - Problem: Laktazidose (Bicarbonat nicht metabolisiert).
    - Mäßige Hyperventilation.
- Postanhepatische Phase.
- Freigabe der Leberperfusion:
  - Problem: Volumenverlust (Ausspülen der Perfusionslösung).
    - Rasche Infusion von Volumen!
  - Problem: Einschwemmen von K^+ und sauren Metaboliten.
    - 10 ml Ca-Glukonat 10%,
    - 100 ml $NaHCO_3$ 8,4%.
  - Problem: Bradykardie.
    - Orciprenalin, Atropin,
    - falls Leber in UW-Lösung → Aminophyllin (Bronchoparat).
- Nach Anschluß der Leber:
  - Hohen ZVD meiden,
  - ggf. NTG (Perlinganit),
  - Antibiotikum repetieren.

- Wichtig!
  - Dafür sorgen, daß immer genügend Erythrozytenkonzentrate etc. vorhanden sind; frühzeitig nachbestellen!
- Bei Einsatz des **RIS** muß sich eine Person kontinuierlich darum kümmern!
  - Reservoir auffüllen,
  - Infusionsgeschwindigkeit! Cave!

Mund-, Kiefer- und Gesichtschirurgie

Ableitung des Tubus bzw. Art der Intubation

- Bei Abszessen, Hämangiomen und Lymphangiomen immer zur Gegenseite. (Vorsicht bei der Maskenbeatmung → Abszeß kann sich spontan entleeren!)
- Intubation bei Abszessen immer mit laufendem Sauger!
- Tubus mittig ableiten bei Lippen-Kiefer-Gaumenspaltenoperationen oder bei Operationen im Bereich des Oberkiefers.
- Im Zweifelsfall den Operateur oder die Operationspflegekraft fragen.
- Orale Intubation ist grundsätzlich der nasalen vorzuziehen.
- Tubusfixierung s. S. 18 f.
- Wenn nicht möglich → **Cave!** Verletzung des Locus Kieselbachii (→ Blutung) und Einschleusen von Keimen → Nasenloch vorher mit NaCl 0,9% spülen (2mal 10 ml).
- Otriven-Nasentropfen zur Schleimhautabschwellung.
- Crush-Intubation ist in der Regel nicht notwendig. **(Im Dienst bei Notfällen sehr wohl.)**
- **Aber:** Patienten, die eine Kieferklemme- oder Sperre haben, sei es schmerzbedingt oder mechanisch, sollten mit **Succinylcholin** relaxiert werden.
- Bei Verdacht auf schwierige Intubation → **Fiberoptische Intubation!** (s. S. 162 f).

Narkoseformen

- Bei Abszessen oder ambulanten Operationen → ITN als Inhalationsanästhesie oder balancierte Anästhesietechnik.
- Bei allen anderen → ITN als balancierte Anästhesie (Fentanyl od. Rapifen, je nach Dauer des Eingriffs) oder als modifizierte Neuroleptanästhesie (z. B. bei kardial vorgeschädigten Patienten).
- Pulsoximeter bei allen Narkoseeinleitungen.

Aufwachraum

- Bei Patienten deren Kiefer verschnürt wurde → **Drahtschere** bzw. spezielle Klemme griffbereit halten. (Im Notfall kann die Verdrahtung auch mit einer normalen Schere gelöst werden!)
- Patienten, bei denen die Gefahr einer Schwellung besteht → **Kühlelemente bereitlegen!**

Operationen (schwerpunktmäßig)

Traumatologie

- Le Fort I – III.
- Unterkieferfraktur.
- Collumfraktur.
- Jochbeinfraktur.
- Orbitafraktur.
- Primäre und sekundäre Unfallversorgung.

Plastische Chirurgie

- Korrekturen von Schädelanomalien, z. B. Turmschädel, Froschgesicht u. a. (Monitoring entspricht weitestgehend dem der Tumorchirurgie).
- Nasenkorrekturen.
- Ersatzplastiken nach Tumor-Operationen.
- Oberkiefer-/Unterkiefer-Osteotomie bei Dysgnathie (Magensonde, Temperatur-Sonde, evtl. BVK, evtl. ZVK Certodyne DUO [Fa. Braun], Wärmematte bzw. Bair-Hugger und Blutwärmer).
- Einsetzen von Implantaten bei Alveolarkammatrophie und als Alternative zur Prothese.

Tumorchirurgie

- Große Tumoroperationen mit plastischer Deckung (Operationsdauer zwischen 3 und 10 Stunden).
- EKG-Elektroden auf dem Rücken oberhalb der Schulterblätter anbringen und zusätzlich mit braunem Pflaster fixieren (Begründung: durch herunterlaufendes Blut könnten sich die Elektroden lösen).
- Häufig ist es unmöglich, diese Patienten auf dem üblichen Weg zu intubieren → fiberoptische Intubation erforderlich (s. S. 162 f).
- Erforderlich sind:
  - 1 – 2 peripher-venöse Zugänge,
  - arterielle Kanüle,
  - ZVK (Certodyne DUO) über die V. basilica oder V. cephalica (Kontrolle der zentralen Lage mittels EKG-Ableitung möglich),
  - evtl. Schleuse über die linke V. femoralis plus DUO-Katheter,
  - Silikon-Magensonde,
  - BVK mit Temperatur-Messung,
  - Blutwärmer,
  - Bair-Hugger-System,
  - Sof-Care-Auflage oder Gel-Kissen.
- Monitoring:
  - EKG,
  - invasive arterielle Blutdruckmessung,
  - ZVD,
  - SaO_2,
  - $EECO_2$ bzw. Atemgasanalyse,
  - Temperatur,
  - Urinausscheidung,
  - Laborkontrollen (Hb, HK, BGA, Elyte, ggf. plasmatische Gerinnung).
    → EKs müssen vorhanden sein!

Sonstige Operationen

- Lippen-Kiefer-Gaumenspaltenoperationen (Tubus muß immer mittig abgeleitet werden; benutzt wird ein Spiraltubus).
- Tracheotomien; Bougierungs-Tracheotomien.
- Abszeßinzision.
- Metallentfernungen.
- Kieferhöhleninspektionen und -revisionen.

- Zystektomien.
- Zahnbehandlungen (Wurzelspitzenresektionen, Wurzelfüllungen, Zahnextraktionen).
- **Achtung!**
  - Nach Zahnextraktionen kann es in seltenen Fällen zu extremen Blutungen kommen!

Konservative Behandlung

- ITN bei behandlungsunwilligen Patienten, z. B. Kindern, geistig und/oder körperlich behinderten Patienten, gesunden erwachsenen Patienten mit extremer Zahnarztphobie.
- Die Behandlung erfolgt in der Regel ambulant. Der Patient muß im Anschluß 2–4 Stunden in der Klinik verbleiben. Er darf nur durch den Anästhesisten nach Hause entlassen werden. Bei längeren Eingriffen (z. B. 4–5 Stunden) erfolgt die stationäre Aufnahme.

Fiberoptische Intubation

- Bei Patienten, wo vorauszusehen ist, daß eine Intubation auf normalem Wege schwierig bzw. unmöglich ist.
- Wird am wachen, evtl. sedierten Patienten durchgeführt.
- Kooperation des Patienten ist nur bei guter Lokalanästhesie und entsprechender psychischer Betreuung möglich!
- Vorbereitung:
  - Erwachsenen-Bronchoskop (Olympus) und Lichtquelle,
  - EKG,
  - RR,
  - Anlegen einer Infusion,
  - Pulsoximetrie,
  - alles für ITN vorbereiten (Medikamente mit dem Anästhesisten absprechen).
  - Verschiedene nasale Tuben mit Cuff:
    - Am besten „Endosoft"-Tubus (Fa. Mallinckrodt) 5 min. in warmes Wasser legen.
  - Silikonspray (Bronchoskop einreiben, nicht einsprühen),
  - Antibeschlagmittel,
  - Xylocain-Spray,
  - sterile und unsterile Tupfer,
  - mehrere Wendltuben verschiedener Größe (zur Bougierung der Nase),
  - sterile Spüllösung z. B. NaCl 0,9%,
  - Nasentropfen zur lokalen Schleimhautabschwellung,
  - Sauger muß funktionsfähig sein,
  - sterile Handschuhe,
  - wenn möglich: 2mal 1 ml Kokain 20% (zur Lokalanästhesie und Abschwellung der Nasenschleimhaut),
  - 2mal 5 ml Xylocain 2% zur Blockade des N. laryngeus superior bds. und zur intratrachealen Blockade.

- Praktisches Vorgehen:
  - Gewählten Nasengang mit 2mal 20 ml NaCl 0,9% spülen,
  - anschließend Nasentropfen zur lokalen Schleimhautabschwellung,
  - danach Oberflächenanästhetikum (z. B.: Kokain 20%, 1 ml in jede Nasenöffnung oder Lidocain-Spray 10%/max. Dosis 200 mg = 20 Sprühstöße),
  - jetzt Nasenloch mit Wendl-Tuben bougieren,
  - Patient liegt in normaler Rückenlage (Unterkiefer nach unten gezogen und Zunge nach vorn gestreckt),
  - mindestens 5 Min. präoxigenieren (Maske),
  - Fiberbronchoskop wird gleitend gemacht (mit Silikon getränkten Kompressen einreiben),
  - Antibeschlagmittel wird auf die Optik gegeben,
  - Tubus wird über die Nase eingeführt (oder Tubus wird über das Endoskop geschoben und am Endoskopgriff mit einem Pflasterstreifen fixiert),
  - Einführen des Bronchoskops in den liegenden Tubus (bzw. bei der anderen Methode in den unteren Nasengang),
  - nach Passage der Epiglottis werden 1–2 ml Xylocain 1% auf die Stimmbänder gesprüht,
  - Bronchoskop wird bis kurz vor die Carina vorgeschoben,
  - Tubus wird plaziert.
- Der Zeitpunkt, die Allgemeinanästhesie einzuleiten, ist variabel, ebenso die Art und Weise dem Patienten während des Vorgangs O_2 zuzuführen.

Augenheilkunde

Besonderheiten

- Succinylcholin erhöht den Augeninnendruck (bei Crush-Intubation – viel Trapanal vorgeben oder Norcuron verwenden).
- Atropin nicht bei akutem Glaukomanfall.
- Regelnarkose ITN / orale Intubation mit RAE-Tubus.
- Tubusfixierung mit Pflaster (s. S. 17).
- Relaxometrie wird häufig gebraucht.
- Häufig: occulocardialer Reflex → Atropin!
- Häufig ältere Patienten (kardial vorgeschädigt):
  → Evtl. kein Trapanal sondern Etomidat Lipuro, evtl. + Dormicum vorbereiten.
- Häufig sehr kleine und sehr kranke Kinder!

Monitoring

- Üblicherweise:
  - EKG, RR-Messung, Pulsoximetrie, Kapnometrie bzw. Atemgasanalyse, bei Kindern zusätzlich eine Temperaturmessung.

Schieloperationen

- ITN als Inhalationsanästhesie, evtl. als balancierte Anästhesie.
- Norcuron zur Relaxierung.
- **Cave:** Occulocardialer Reflex! → Atropin!

Tränenwegschirurgie

- Schmerzhafte Eingriffe.
- Lokale Injektion von Vasopressin oder Suprarenin.
- ITN als balancierte Anästhesie (Trapanal, Fentanyl, DHB, Norcuron).
- Blutverlust: 100 – 500 ml.
- Extubation erst nach sorgfältigem Absaugen des Rachens und Rückkehr der Schutzreflexe (Cave: Aspiration!).

Sondierung und Spülung der Tränenwege

- Bei Erwachsenen ohne Narkose / bei Kindern z.B. Dormicum (p. o. oder rektal) oder „oberflächliche" Maskennarkose.
- Bei Schlaucheinlage sowohl bei Kindern als auch bei Erwachsenen ITN, weil Blut im Rachen herunterlaufen kann! Aspirationsgefahr!
- Evtl. auch bei Kindern Tuben mit Cuff verwenden; oder der Rachen muß abgestopft werden.

Katarakt-Operationen

- ITN als balancierte Anästhesie (Trapanal, Rapifen, Norcuron, DHB, oder Propofolperfusor, Rapifen).
- Relaxometrie.
- Leichte Hyperventilation! → Kapnometrie!
- **Cave:**
  - Augeninnendruck muß zum Schnitt möglichst niedrig gehalten werden
  - plötzliche RR-Anstiege bei eröffnetem Auge vermeiden.

Keratoplastik

- ITN als balancierte Anästhesie (Trapanal, Fentanyl, Norcuron, DHB).
- Relaxometrie.
- Narkose muß tief sein.

Perforierende Augenverletzungen

- Notfall!
  - Crush-Intubation!
  - Viel Trapanal; anschließend Succinylcholin bzw. mit Norcuron arbeiten (2 mg Norcuron, einen Augenblick warten, dann Trapanal, dann den Rest Norcuron).
- Das Legen einer Magensonde vor der Narkoseeinleitung ist streng kontraindiziert! (Husten, Pressen, Würgen → Anstieg des Augeninnendruckes)

Amotio (Dauer 1–2 h)

- ITN als balancierte Anästhesie.
- Ausreichende Relaxation erforderlich, kein besonders schmerzhafter Eingriff.
- Großer Teil der Operation läuft im Dunkeln ab → **Pulsoximetrie anschließen!**
- Bei langdauernder Operation und älteren Patienten → modifizierte NLA (Fentanyl, Dormicum, N_2O, Norcuron) und evtl. geringe Dosis eines volatilen Anästhetikums.

Vitrektomie (Dauer bis zu 4 h)

- ITN als balancierte Anästhesie (Trapanal, Fentanyl, DHB, Norcuron).
- Operation läuft zum großen Teil im Dunkeln ab → **Pulsoximetrie!**

Operationen bei Frühgeborenen (meist Kryopexie oder Vitrektomie)

- ITN (Trapanal, Atropin, Norcuron).
- Halothan.
- Relaxation während der Operation meist nicht erforderlich.
- Pulsoximetrie.
- Kapnometrie (spezielle Adapter für die kleinen Tuben liegen im Aufwachraum).
- Ösophagusstethoskop.
- Temperaturmessung.
- Wärmelampe.
- Watte bereithalten, da die Wärmelampe während der Operation ausgeschaltet werden muß.

Aufwachraum

- Die Patienten leiden häufiger als in anderen Bereichen an Schwindel und Übelkeit, v. a. nach Schieloperationen.
- Sollten die Patienten über massive Schmerzen am operierten Auge klagen, auf jeden Fall den Operateur verständigen! (Glaukomanfall muß ausgeschlossen werden!)

Hals-, Nasen- und Ohrenheilkunde

Besonderheiten

- Tubusfixierung mit Pflaster, ohne „Lolly“ (s. S. 18).
- Häufig Tubusverlängerung.
- Häufig Succinylcholin zur Intubation.
- Häufig schwierige Intubation.
- Mikrolaryngoskopie 28 Ch Woodbridge.
- Laserlaryngoskopie Spezialtubus s. S. 168.

Monitoring

- Standard:
  - EKG, RR Messung, Pulsoximetrie, Kapnometrie bzw. Atemgasanalyse, bei Kindern zusätzlich Temperaturmessung,
  - Erweiterung des Standard-Monitorings bei einigen Operationen erforderlich.

Parazentese, Paukendrainage (PR), Nasen-Rachenraumkontrolle (NRR)

- Narkose:
  - Inhalationsanästhesie (bei Kindern meist Halothan),
  - RAE-Tubus, mittig ableiten, mit Pflaster fixieren,
  - bei isolierter Parazentese ist eine Maskennarkose möglich.

Adenotomie (AT)

- Narkose:
  - Inhalationsanästhesie (bei Kindern meist Halothan).
- Einleitung:
  - Atropin, Trapanal, Succinylcholin, Norcuron (zum Präcurarisieren),
  - auch bei Kindern RAE-Tuben mit Cuff verwenden → Aspirationsgefahr!
  - Tubus mittig mit Pflaster fixieren.
- Lagerung:
  - Kopf wird überstreckt → Gefahr der Tubusdislokation,
  - eingesetzter Mundsperrer kann sehr leicht den Tubus abklemmen.
- Ausleitung:
  - Extubation erst wenn Patient wach ist und seine Schutzreflexe zurückgekehrt sind (→ Gefahr der Nachblutung → Aspirationsgefahr!),
  - postoperativ keinen Wendl-Tubus benutzen.

Tonsillektomie / Abszeß-Tonsillektomie (TE)

- Kontrolle der Mundöffnung.
- Bei länger bestehender Infektion (> 1 Woche) kann eine eingeschränkte Mundöffnung bestehen. → **Intubationsschwierigkeiten!**
- Narkose:
  - Inhalationsanästhesie,
  - auch bei Kindern RAE-Tubus mit Cuff verwenden. (→ Aspirationsgefahr!)

- Einleitung:
  - Atropin, Trapanal, Succinylcholin, Norcuron (zum Präcurarisieren),
  - vor der Succinylcholingabe Maskenbeatmung kontrollieren, falls ausreichend → relaxieren,
  - Tubus mittig mit Pflaster fixieren (da TE nahezu immer beidseitig).
- Ausleitung:
  - Patienten müssen wach sein und über ausreichend Schutzreflexe verfügen,
  - vorsichtig absaugen; eine erneute Blutung durch Manipulation ist möglich!

Direkte Laryngoskopie (Mikrolaryngoskopie)

- Narkose:
  - Propofol (Perfusor), Alfentanyl (nur unter strenger Beachtung der Kontraindikationen wie z. B. Hypovolämie, kardiale Vorerkrankung).
- Tubus:
  - Woodbridge 28 CH mit Führungstab.
- Einleitung:
  - Bei zu erwartenden Intubationsproblemen nur in Gegenwart des Operateurs mit der Narkose beginnen,
  - ca. 0,5 ml Xylocain i. v. vorgeben (Propofol ist venenreizend),
  - präcurarisieren, Alfentanyl-Bolus 0,5 mg, Propofol-Bolus 2 mg/kg KG (über Perfusor), anschließend kontinuierlich 6 mg/kg KG/h über Perfusor,
  - wenn Maskenbeatmung möglich, Succinylcholingabe und Intubation,
  - Tubus mittig mit Pflaster fixieren.
- Lagerung:
  - Kopf wird extrem überstreckt,
  - Patienten haben häufig starken Hustenreiz nach der Operation!
    → 250 mg Urbason i. v. + 4 mg α-Chymotrase i. m. zur Abschwellung (nach Rücksprache!).

Panendoskopie

- Bei geplanter „starrer Bronchoskopie“ wird der Patient nicht intubiert, sondern das starre Bronchoskop sofort nach der Einleitung eingeführt.
- Die Beatmung erfolgt unter einem hohen Flow mit 100% Sauerstoff über das starre Bronchoskop.
- Erst nach der Bronchoskopie erfolgt die Intubation mit einem 28 Ch Woodbridge-Tubus.
- Bei der flexiblen Bronchoskopie erfolgt die Intubation sofort nach der Narkoseeinleitung mit einem 32 Ch Woodbridge-Tubus.
  - Tubus mittig ableiten und mit Pflaster fixieren.
- Narkose:
  - Propofol, Alfentanyl oder Inhalationsanästhesie + Alfentanyl.
- Lagerung:
  - Kopf wird extrem überstreckt.

Laser-Chirurgie → Schutzbrille tragen!

- Wichtig:
  - Laser-Tubus nur nach Absprache mit dem Operateur bzw. Anästhesisten öffnen (hohe Kosten),
  - bei zu erwartenden Intubationsschwierigkeiten nur in Gegenwart des Operateurs mit der Narkose beginnen.
- Tubus:
  - Lasertubus für Erwachsene hat 6,5 mm ID,
  - Lasertubus für Kinder bzw. im Notfall 4,5 mm ID,
  - kein Führungsstab(!),
  - Cuffkontrolle mit Luft durchführen (Lasertuben haben 2 Cuffs),
  - Cuffblockade mit NaCl 0,9%; für jeden Cuff 5 ml NaCl 0,9%,
  - Tubus wird mittig abgeleitet und mit Pflaster fixiert.
- Narkose:
  - Propofol, Alfentanyl oder Inhalationsanästhesie und Alfentanyl.

Tracheotomie

- Narkose:
  - ITN als balancierte Anästhesietechnik, evtl. modifizierte NLA.
- Einleitung:
  - Nur bei Anwesenheit des Operateurs (Koniotomiebesteck),
  - Trapanal, präcurarisieren, Succinylcholin wenn Maskenbeatmung möglich.
- Tubus:
  - Magill- oder RAE-Tubus (welche Größe? Operateur bzw. Anästhesisten fragen; richtet sich nach dem Befund),
  - Tubus wird seitlich abgeleitet und fixiert.
- Vor der Umintubation den oralen Tubus nur bis kurz über das Tracheostoma zurückziehen, so daß der Tubus bei Problemen jederzeit wieder vorgeschoben werden kann.

Laryngektomie

- Narkose:
  - ITN als balancierte Anästhesietechnik, evtl. modifizierte NLA,
  - Woodbridge-Tubus 34 Ch mit Verlängerung zur Stirn hin ableiten,
  - Pflasterfixierung.
- Zugänge/Monitoring:
  - 18 G/14 G/ZVK, wenn möglich V. basilica, evtl. arterielle Kanüle, Pulsoximetrie, BVK.
- Intraoperativ:
  - Umintubation mit Tracheoflex-Kanüle oder speziellem LE-Tubus.

Halsdissektion (neck dissection)

- Narkose:
  - ITN als balancierte Anästhesietechnik, evtl. modifizierte NLA,
  - Woodbridge-Tubus 34–36 Ch mit Verlängerung zur Seite ableiten,
  - Pflasterfixation.
- Zugänge/Monitoring:
  - 18 G/14 G/ZVK, nicht-invasive RR-Messung, Pulsoximetrie, BVK.

Laryngektomie und Halsdissektion (neck dissection)

- Narkose:
  - ITN als balancierte Anästhesietechnik, evtl. modifizierte NLA,
  - 34 oder 36 Ch Woodbridge mit Verlängerung zur Stirn hin mit Pflasterfixation ableiten.
- Zugänge / Monitoring:
  - 18 G / 14 G / ZVK, invasive arterielle Blutdruckmessung, BVK, Temperatursonde, Wärmetisch.
- Zusätzlich bei Scapula-, Pectoralis- oder Latissimus-dorsi-Schwenklappen:
  - Vor der OP abklären, ob eine Präventivtracheotomie stattfinden soll!
  - Wenn ja, wird für die Umintubation ein spezieller Laryngektomietubus verwendet (auch bei der Laryngektomie und Halsdissektion).
- **Bei den letzten drei Operationsformen wird von der Anästhesie keine Magensonde gelegt.**
  Diese wird im Anschluß an die Operation vom Operateur selbst gelegt.

Frontolaterale Kehlkopfteilresektion, Chordektomie

- Narkose:
  - ITN als balancierte Anästhesietechnik, evtl. modifizierte NLA.
- Tubus:
  - 28 Ch Woodbridge mit Verlängerung und Pflasterfixation zur Stirn hin ableiten.
- Intraoperativ:
  - 30 Min. vor Operationsende 1 Amp. Dicodid s. c. applizieren.
- Wichtig ist, daß der Pat. nicht hustet (weder bei der Ausleitung noch später im Aufwachraum. → Gefahr der Nachblutung!

Parotidektomie

- Narkose:
  - ITN als balancierte Anästhesietechnik, evtl. modifizierte NLA.
- Tubus:
  - RAE zur Seite ableiten und Pflasterfixation.

Siebbein- / Kieferhöhlenoperation

- Narkose:
  - ITN als balancierte Anästhesietechnik, evtl. modifizierte NLA.
- Tubus:
  - RAE mittig mit Pflaster fixieren.

Frontobasis-Revision

- Narkose:
  - ITN als balancierte Anästhesietechnik, evtl. modifizierte NLA.
- Tubus:
  - Orale Intubation, orale Magensonde, RAE-Tubus nach unten ableiten.

Nasengerüstaufrichtung

- Narkose:
  - Propofol, Alfentanyl, Succinylcholin, Norcuron zum Präcurarisieren.
- Tubus:
  - RAE mittig ableiten und fixieren,
  - sehr kurze Operation.

Septorhinoplastik

- Narkose:
  - ITN als balancierte Anästhesietechnik, evtl. modifizierte NLA.
- Tubus:
  - RAE-Tubus, mittig ableiten.
- Salbe in die Augen; Augen nicht zukleben, übernehmen Operationsschwestern.

Epistaxis (Nasentamponade)

- Einleitung:
  - Rapid Sequence Induction.
- Narkose:
  - ITN gewöhnlich als balancierte Anästhesie.
- Tubus:
  - RAE-Tubus mit Führungsstab anreichen,
  - Tubus mittig ableiten und fixieren,
  - nach Intubation Magen absaugen.
- Ausleitung:
  - Patient muß zur Extubation wach sein und die Schutzreflexe müssen zurückgekehrt sein,
  - kein Wendl-Tubus,
  - Patient sollte möglichst nicht husten.

Cholesteatom-Operation

- Narkose:
  - ITN als balancierte Anästhesie.
- Tubus:
  - RAE-Tubus seitlich ableiten und fixieren.

Altemeyer, K.-H., Fösel, Th., Breuking, E., Ahnefeld, F. W.: Narkosen im Kindesalter, 2. Auflage, 1989. Willy Rüsch AG, Stuttgart
Dick, W., Kleinheisterkamp, U.: Anästhesie Merkbuch, Korrigierter Nachdruck der 1. Auflage, 1987. Wissenschaftliche Verlagsgesellschaft mbH, Stuttgart
Diemer, W. A., van Aken, H., Lawin, P.: Protokollierung von Anästhesie und Aufwachphase auf einem neuen integrierten Anästhesie-Protokoll. In: Anaesthesist (1986) 35 : 516 – 520. Springer Verlag 1986
Diemer, W.*: Anästhesie für Operationen in der Hals-Nasen-Ohren-Heilkunde
Gralow, I.*: Die Lokalanästhesie
Haberecht, H.*: Narkosesysteme
Hachenberg, Th.*: Anästhesie bei herz- und thoraxchirurgischen Eingriffen
Hartenauer, U.*: Die fiberoptische Intubation. Tutorium-Skript
Henning, K.*: Anästhesie in der Zahn-Mund-Kieferklinik. Pflegerische Aspekte
Hirt, R., Bubser, H.: Handbuch der Anästhesie für Schwestern und Pfleger. Fischer Verlag, Stuttgart, New York, 1989
Jöhr, M.: Kinderanästhesie. 2. Auflage. Fischer Verlag, Stuttgart, Jena, New York, 1993
Larsen, R.: Anästhesie und Intensivmedizin für Schwestern und Pfleger. 4. Auflage, Springer Verlag 1994
Larsen, R.: Anästhesie. 4. Auflage. Urban & Schwarzenberg, München 1993
Mertes, N.*: Postoperative und postnarkotische Nachsorge im Aufwachraum
Penner, M.*: Narkose in der Orthopädie und Unfallchirurgie
Penner, M.*: Beatmung während der Narkose
Goenner-Radig, Ch.*: Das Polytrauma
Goenner-Radig, Ch.*: Praxis der Narkoseführung
Goenner-Radig, Ch.*: Narkoseführung bei Operationen in der Augenheilkunde
Sirtl, C., Jesch, F.: Anästhesiologisches Notizbuch. Wissenschaftliche Verlagsabteilung. Deutsche Abbott GmbH, Wiesbaden, 1986
Thülig, B.*: Wirkungen und Nebenwirkungen von Inhalationsanästhetika
Anästhesie-Routinen (Stand: 4/93)
Herausgeber: Priv.-Doz. Dr. med. Th. Prien*
Dr. med. F. Marquardt*
Mitarbeiter:
Dr. med. M. Booke*
Priv.-Doz. Dr. med. Th. Brüssel*
Dr. med. H. Lübbesmeyer
Priv.-Doz. Dr. med. Th. Möllhoff*
Dr. med. Chr. Goenner-Radig*
Dr. med. B. Wibbeke
Dr. Dr. med. G. Brodner*
Priv.-Doz. Dr. med. Th. Hachenberg
Dr. med. N. Mertes*
Priv.-Doz. Dr. med. M. Möllmann
Priv.-Doz. Dr. med. J. Theissen*
Priv.-Doz. Dr. med. J. Zander
Anästhesie Pflege-Info*
OP-Ankleideordnung:
Hygienekommission der WWU

* Klinik und Poliklinik für Anästhesiologie und operative Intensivmedizin, Westfälische Wilhelms-Universität Münster

Sachverzeichnis

A

Ablatio mammae 98
AB0-System 25
Abortkürettage s. Kürettage
Abrasio s. Kürettage
Absorber 10
Abszeß-Tonsillektomie s. Tonsillektomie
ACB s. Aortokoronare Bypass-Operation
Achillessehnenverkürzung 111 f
ACVB s. Aortokoronare Bypass-Operation
Adenotomie 166
Adrenalektomie s. Phäochromozytom
Agitiertheit, Aufwachraum 75 f
AKE s. Aortenklappenersatz
Allgemeinanästhesie, Durchführung 41 ff
– Medikamente 34 f
– Techniken 29 f
Allgemeinchirurgie 148 ff
Amotio 165
Anästhesiekomplikationen 62 ff, 70 ff
Anästhesieprotokoll 93 f
Anästhetika, volatile 7 f
Anaphylaktische/anaphylaktoide Reaktionen 64 f
Ankleideordnung 4
Antikörper, irreguläre 25
– reguläre 25
Aortenaneurysma, abdominales 155 f
– thorakales 118
Aortenisthmusstenose 124
Aortenklappenersatz 115
Aortokoronare Bypass-Operation
Apnoe, Symptome 70 f
– Therapie 70 f
– Ursachen 70 f
Arterielle Katheter, Erwachsene 23
– Kinder 84
Arthroskopie 113 f
ASD s. Atriumseptumdefekt
Aspiration s. Ileus
AT s. Adenotomie
Atar- und Tranquanalanästhesie, Technik 30
Atembeutel 10
Atemgasanalysegeräte 92
– Kapnometrie 58 f
Atemkalk 10
Atemschläuche 10
Atemwegsverlegung 70
Atmung, Überwachung 51 ff, 68 ff
Atrioventrikularkanal 126
Atriumseptumdefekt 117
Aufbereitung, Materialien 6
– Narkosegeräte 6
Aufwachraum, Frühkomplikationen 70 ff
– Kinder 91
– Patientenbetreuung 68 ff
– Übernahme von Patienten 68
– Überwachung 68 ff
– Verlegung von Patienten 77
– Zubehör 1
Augenheilkunde 164 f
Augenoperationen s. Augenheilkunde
Augenverletzung, perforierende 165
Ausleitungsraum, Zubehör 1
AV-Kanal s. Atrioventrikularkanal

B

Bailey-Nagel s. Osteogenesis imperfecta
Balancierte Anästhesie, Durchführung 43
– Medikamente 35 f
– Technik 29
Banding (Pulmonalarterie) 122 f
Bandscheibenoperation 134
Bauchaortenaneurysma 155 f
Bauchlage 47 f
Bauchwandbruch 151
Beatmungsdruck 52 f
Beatmung, Überwachung 51 ff
Bedside-Test 26
Bettenschleuse 4
Blalock-Taussig-Anastomose 123 f
Blutdruckmanschetten, Größe 80
Blutgasanalyse s. Checkliste Intensivpflege
Blutgruppen 25
– Verträglichkeitsteste 26
Blutung, intrakraniell s. Entlastungstrepanation
Blutverluste, Überwachung 56
Bradykardie 51, 73
Bronchospasmus 62 f

„Bronchus-Blocker“ s. Univent-Tuben
Burch, Operation nach 130 f

C

CD-Spondylodese 108 f
Cell-Saver, Vorbereitung 107
Cerclage 95
Cholesteatomoperation 170
Chordektomie s. Kehlkopfteilresektion
Chromopertubation s. Laparoskopie
COA s. Aortenisthmusstenose
Coarctatio aortae s. Aortenisthmusstenose
Crush-Intubation s. Ileus
Cuffdruck 34

D

Defibrillator, implantiert 120
Desinfektion, Hände 6
- Haut 6
- Materialien 6
- Narkosegeräte 6
- Schleimhaut 6
Dokumentation 93 f
Druckluftversorgung, zentrale 2
Drucksonde, epidurale s. Entlastungstrepanation
Ductus Arteriosus Botalli, persistierender 121 f

E

Eine-Lunge-Beatmung s. Ösophagusresektion
Einleitungsformen (Narkose) 89
Einleitungsraum, Zubehör 1
Entbindung s. Vaginale Entbindung
Entlastungstrepanation 140
Epistaxis 170
Erbrechen, Aufwachraum 75
- Narkoseeinleitung s. Ileus
Erwachen, verzögertes 75
ESWL s. Stoßwellenlithotrypsie, extrakorporale
Extrauteringravidität 96
Extubation 43

F

Facettensyndrom 113
Fallot Tetralogie 124 ff
Femurteilresektion 111
Fistel, tracheoösophageale s. Ösophagusatresie
Flüssigkeitsbedarf, Einschätzung 56
Fontan-Operation 127
Frontobasis-Revision 169
Führungsstäbe 34
Fusionen 135

G

Gasflaschen 3
Gastroschisis 104 f
Gasversorgungsanlage, zentrale 2
Geburtshilfe 100 f
Gentamicinketteneinlage 111
Geschlossenes System 12
Gonarthrosen 114
Großhirntumor s. Intrazerebrale Eingriffe
Guedeltuben, Erwachsene 33
- Kinder 80
Gynäkologie 95 ff

H

Hämodilution, isovolämische 107
Händedesinfektion 6
Halbgeschlossenes System 12
Halboffenes System 11
Halsdissektion 168
Hals-, Nasen- und Ohrenheilkunde 166 ff
Halswirbelsäulenoperationen s. Fusionen
Harninkontinenz s. Burch Operation nach
Harnröhrenstriktur s. Phimose OTIS
„Hastings“-Lagerung 109
Hauptantigene 25
Haurie, Operation nach 132
Hautdesinfektion 6
Hernie, Bauchwand s. Bauchwandbruch
- parastomale 129

– Zwerchfell, kongenitale 105 f
Herzfehler, kongenitale 121 ff
Herz(Lungen)transplantation 117
Herzoperationen s. Thorax-, Herz- und Gefäßchirurgie
Herztransplantation s. Herz(Lungen)transplantation
Hirnarterienaneurysma 142 f
Hirntumoren s. Intrazerebrale Eingriffe
Hodenoperationen s. Urologie
HOKM s. Kardiomyopathie, hypertrophe obstruktive
HT(L)X s. Herz(Lungen)transplantation
HTX s. Herz(Lungen)transplantation
Hüftgelenksdysplasie, angeborene 113
Hüftgelenksextirpation 110
Hüftgelenkssubluxation 113
Humerusteilresektion 111
HWS-Operationen s. Fusionen
Hydrozephalus s. Liquordrainage
Hygiene, Verhaltensregeln 4
Hyperkapnie, Aufwachraum 71
– Narkose 51
Hyperparathyreoidismus s. Struma
Hypophysenadenom 141 f
Hypospadie 132
Hypothermie, Aufwachraum 74
– Narkose 54
– tiefe s. Aortenaneurysma, thorakal
Hyperthermie, Aufwachraum 74
– Maligne 65
– Narkose 54
Hypertonie, Aufwachraum 72
– Narkose 51
Hypotonie 72
Hypoventilation, Aufwachraum 70 f
– Narkose 51
Hypoxämie, Aufwachraum 71
– Narkose 51
Hysterektomie, abdominal 97
– vaginal 97
Hysteroskopie s. Laparoskopie

I

IAT (Intraoperative Autologe Transfusion) s. Cell-Saver
Ileumconduit s. Zystektomie
Ileus 148 ff
Infusionen, Erwachsene 34
– Kinder 86
Inhalationsanästhesie, Ausleitung 42 f
– Durchführung 42
– Einleitung 42
– Medikamente 35
– Technik 29
Instrumentelle Nachtastung s. Kürettage
Intraarterielle Injektion, versehentliche 24
Intraarterielle Katheter, Erwachsene 23
– Kinder 84
Intravasale Katheter 21 ff
Intravenöse Anästhesie s. Totale intravenöse Anästhesie
Intravenöse Regionalanästhesie, Definition 32
– Durchführung 46
– Indikationen 32
– Kontraindikationen 32
– Material 38
– Vorbereitung 38
Intrazerebrale Eingriffe 137 ff
Intubation, fiberoptische 162
– Kinder 81
– nasal 18, 160
– schwierige s. fiberoptische
– Zubehör (allgemein) 33 f
Intubationsnarkose s. Inhalationsanästhesie
Irreguläre Antikörper 25

K

Kapnometrie 58 f
Kardiochirurgie s. Thorax-, Herz- und Gefäßchirurgie
Kardiomyopathie, hypertrophe obstruktive 119
Karotis-Operation, (kardiochirurgisch) 119
– (allgemeinchirurgisch) 151
Kataraktoperation 164
Kehlkopfteilresektion, frontolaterale 169
Kell-System 25
Keratoplastik 165
Kieferhöhlenoperation 169

Kinderanästhesie 78 ff, 103 ff
- Aufwachraum 91
- Ausleitung 91
- Durchführung 90
- Einleitung 89
Kinderblutfilter 85
Kinderchirurgie 103 ff
- Neu- und Frühgeborene 104 ff
Kleinhirntumor s. Intrazerebrale Eingriffe
Kleinkinder, Besonderheiten 78 f
- Infusionen 86
- Materialien 80 ff
- Medikamente 85
Klumpfuß s. Achillessehnenverkürzung
Knie-Ellenbogenlage 109, 134
Kniegelenksextirpation 111
Knochendeckelreimplantation 135 f
Kombinationsnarkose, Technik 30
Kreisteil 13 ff
Kürettage 95
Kuhn-System 87

L

Lachgasversorgung, Flaschen 3
- zentrale 2
Lagerung, Bauch 47 f
- Hastings 109
- Knie-Ellenbogen 134
- Relton frame 109
- Rücken 47
- Seiten 48 f
- Sitzende 139
- Steinschnitt 50
Laparoskopie 95 f
Laryngeale Maske, Erwachsene 35
- Kinder 80
Laryngektomie 168
Laryngoskop, Erwachsene 33
- Kinder 81
Laryngoskopie, direkte 167
Laryngospasmus 63, 70
Laser-Chirurgie s. Hals-, Nasen- und Ohrenheilkunde
Laser-Tubus 168
Lebertransplantation 156 ff
Lich-Gregoire-Operation s. Refluxplastik
Liquordrainage, externe/interne 136
Lokalanästhesie 38
- Nebenwirkungen 60 f
- toxische Wirkungen 60 f
Low-flow-Anästhesie 12

M

Magill-Tuben 17
Mainz-Pouch II s. Zystektomie
Maligne Hyperthermie 65 f
Mamma-Operationen 98 f
Maske, laryngeale 35
Maskenbeatmung, Technik 41
Maskengröße, Erwachsene 33
- Kinder 80
Maskennarkose, Ausleitung 41
- Durchführung 41
- Einleitung 41
- Grundsätzliches 34
- Indikationen 34
- Kontraindikationen 34
- Medikamente 35
Massivtransfusion, Probleme 27 f
Mediastinoskopie 120
Meningomyelozele 143
Meningozele s. Meningomyelozele
Metallbügelentfernung s. Trichterbrustoperation
Metallentfernung (orthopädisch) 114
Mikrolaryngoskopie s. Laryngoskopie, direkte
Minimal-flow-Anästhesie 12
Mitralklappenersatz 115 ff
MKE s. Mitralklappenersatz
Monitoring s. Überwachung
Morbus Bechterew s. Spondylodese
Multilumenkatheter, Erwachsene 21 f
- Kinder 84
Mund-, Kiefer und Gesichtschirurgie 160 ff
Muskelzittern 74
Myotest 57

N

Nachtastung, instrumentelle s. Kürettage
Narkosegasabsaugung 3
Narkosegeräte, Funktionsprüfung 16
– Kinder 88
Narkoseausleitung 41 ff
– durchführung 41 ff
– einleitung 41 ff
Narkoseeinleitungsformen 89
Narkoseeinleitung, Kinder 89
Narkoseprotokoll 93 f
Narkosesysteme 7 ff, 87 ff
Narkose, Techniken 29 ff
Narkotikafilter 3
Nasenbluten s. Epistaxis
Nasengerüstaufrichtung 170
Nasen-Rachenraumkontrolle 166
Nasentamponade s. Epistaxis
Neck dissection s. Halsdissektion
Neoblase s. Zystektomie
Neo-Conduit s. Hernie, parastomale
Neo-Stoma s. Hernie, parastomale
Nephrektomie 129 f
Nephrolithiasis s. Ureterozystoneostomie
Neugeborene, Aufwachraum 91
– Besonderheiten 78 f
– Infusionen 86
– Material 80 ff
– Medikamente 85
– Narkose 89 ff
Neurochirurgie 134 ff
Neuroleptanästhesie, Indikationen 29
– klassisch 29
– modifiziert 29, 36
Nichtrückatmungsventile 10
Nierentransplantation 152 f
Notfallraum, Ausstattung 146 f
Notfalltablett, Kinder 80
Notstrom 3
NTP s. Nierentransplantation

O

Ösophagusatresie 106
Ösophagusresektion, abdomino-thorakale 154 f
Ösophagusstethoskop 83
Offenes Narkosesystem 11
Omphalozele 104 f
ONK-Tuben s. Oxford Non Kinking-Tuben
Operationssaal, Verhaltensregeln 4
Orthopädie 107 ff
Osteogenesis imperfecta 112
Oxford Non Kinking-Tuben 19 f

P

Palacosausräumung 111
Panendoskopie 166
Parazentese 166
Parotidektomie 169
Patientenschleuse s. Bettenschleuse
Patiententransport s. Polytrauma
Patientenvorbereitung 39
Paukendrainage 166
Penisoperationen s. Urologie
Periduralanästhesie (lumbale), Definition 31
– Durchführung 43 f
– Indikationen 31
– Kontraindikationen 31
– Material 36
– Vorbereitung 36
Peripher-venöse Verweilkanülen, Erwachsene 21
– Kinder 83
Personalschleuse 4
Phäochromozytom 156
Phimose OTIS 132
Plastische Chirurgie s. Mund-Kiefer- und Gesichtschirurgie
Plexusanästhesie (axillär), Definition 31
– Durchführung 45 f
– Indikationen 31
– Kontraindikationen 31
– Material 37
– Vorbereitung 37
PLIF-Spondylodese 108 f
Polytrauma 145 ff
Präkordiales Stethoskop 83
Prostatektomie, radikale 128
Pulmonaliskatheter 23
Pulsoximeter 57 f
Pylorusstenose 106

R

RAE-Tuben s. Ring-Adair-Elwyn-Tuben
Rapid-Sequence-Induction s. Ileus
Refertilisierungsoperation 96
Refluxplastik 131
Regionalanästhesie, Durchführung 36 ff
- Nebenwirkungen 60 f
- Techniken 31 f
- toxische Wirkungen 60 f
- Verlegung von Patienten nach 77
Reguläre Antikörper 25
Relaxierungsgrad s. Relaxometrie
Relaxometrie 57
„Relton-frame"-Lagerung 109
Rendell-Baker-Masken 80
Rhesus-System 25
Rhythmusstörungen, Aufwachraum 73
Ring-Adair-Elwyn-Tuben 17 f
RIS (Rapid-Infusion-System) s. Lebertransplantation
Robertshaw-Tuben 19
Rotameter 7
RSI (Rapid-Sequence-Induction) s. Ileus
Rückenlage 47

S

Säuglinge, Aufwachraum 91
- Besonderheiten 78 f
- Infusionen 86
- Materialien 80 ff
- Medikamente 85
- Narkose 89 ff
Sauerstoffversorgung, Flaschen 3
- zentrale 2
Schieloperationen 164
Schock, anaphylaktischer 64 f
- hämorrhagischer s. Polytrauma
Schockraum, Ausstattung 146 f
Sectio caesarea 100 f
Seitenlage 48 f
Septorhinoplastik 170
Shivering 74
Siebbein/Kieferhöhlenoperation 169
Single Ventricle s. Singulärer Ventrikel
Singulärer Ventrikel 127
Spina bifida s. Spondylodese
Spinalanästhesie, Definition 31
- Durchführung 45
- Indikationen 31
- Komplikationen 45
- Kontraindikationen 31
- Material 37
- Vorbereitung 37
Spinalkanaleinengung, knöcherne 113
Spinalkanaleingriffe (neurochirurgisch) 144
Spiralenwechsel 133
Spondylodese 108 f
Steinschnittlagerung 50
Stereotaktische Probeentnahme 137
Stoßwellenlithotrypsie, extrakorporale 132
Struma 152

T

Tachykardie, Aufwachraum 73
TE s. Tonsillektomie
Temperaturmessung 53 f, 83, 92
Temperaturregulation, Wärmetherapie 59, 90
TEP s. Totalendoprothese
Tetralogie of Fallot s. Fallot Tetralogie
TGA s. Transposition der großen Arterien
Thermokoagulation s. Facettensyndrom
THG s. Thorax-, Herz- und Gefäßchirurgie
Thorakoskopie/tomie 120
Thorax-, Herz- und Gefäßchirurgie 115 ff
Thymektomie 156
TOF s. „Train of four"-Stimulation
Tonsillektomie 166 f
Totale Intravenöse Anästhesie, Technik 29
Totalendoprothese 107 f
Totale Spinalanästhesie 45
Tracheotomie 168
Tränenwegschirurgie 164
„Train of four"-Stimulation 57
Transfusion, Grundlagen 25 ff
- Kinderzubehör 85
Transfusionsreaktionen 27 f
Transplantation, Herz 117

- Herz(Lungen) 117
- Leber 156 ff
- Niere 152 f
Transport, Patienten s. Polytrauma
Transposition der großen Arterien 126
Transurethrale Resektion 132 f
Trichterbrustoperation 103
Trikuspidalatresie s. Fontan-Operation
Tubus, Arten 17 ff
- Fixierung 17 ff, 82
- Größe 34, 81
- Vorbereitung 34
TUR s. Transurethrale Resektion
TUR-Syndrom s. Transurethrale Resektion

U

Übelkeit, Aufwachraum 75
Überwachung, Atmung/Beatmung 51 ff
- Aufwachraum 68 ff
- Augen 55
- Blutverluste 56
- Flüssigkeitsbedarf 56
- Kreislauf 51
- Lagerung 47 ff
- Narkosetiefe 51 ff
- Relaxierung 57
- Temperatur 53 f
- Urinausscheidung 56
Ulmer Narkoseset 88
Umstellungsosteotomie s. Gonarthrosen
Unfallchirurgie s. Polytrauma
Univent-Tuben 20
Ureterozystoneostomie 130
Urinausscheidung, Überwachung 56
Urologie 128 ff

V

Vaginale Entbindung 102
Vaginale Operationen s. Hysterektomie, vaginale
Vakuumanlage, zentrale 2
Venenpunktion 39 f
Ventile (Nichtrückatmungs-) 10
Ventrikelseptumdefekt 117
Verdampfer (Vapor) 7 f
Vergaser 9
Verweilkanülen s. Intravasale Katheter
Vitrektomie 165
VSD s. Ventrikelseptumdefekt

W

Wärmetherapiegerät 59
Wendl-Tubus 33
Wertheim-Meigs-Operation 97 f
Whipple-Operation 153 f
Wirbelsäulenoperationen s. Orthopädie / Neurochirurgie

Z

Zahnschutz 33
Zentrales anticholinerges Syndrom 76
Zentralvenöse Katheter, Erwachsene 21 ff
- Kinder 84
Zwerchfellhernie kongenitale 105 f
Zystektomie 129